Philipp Woywod

I0012984

Website-Controlling als Grundlage der Optimierung von Electron

GRIN - Verlag für akademische Texte

Der GRIN Verlag mit Sitz in München hat sich seit der Gründung im Jahr 1998 auf die Veröffentlichung akademischer Texte spezialisiert.

Die Verlagswebseite www.grin.com ist für Studenten, Hochschullehrer und andere Akademiker die ideale Plattform, ihre Fachtexte, Studienarbeiten, Abschlussarbeiten oder Dissertationen einem breiten Publikum zu präsentieren.

Dokument Nr. V86978 aus dem GRIN Verlagsprogramm

Philipp Woywod

Website-Controlling als Grundlage der Optimierung von Electronic-Commerce-Angeboten

GRIN Verlag

Bibliografische Information der Deutschen Nationalbibliothek: Die Deutsche Bibliothek verzeichnet diese Publikation in der Deutschen Nationalbibliografie; detaillierte bibliografische Daten sind im Internet über http://dnb.d-nb.de/ abrufbar.

1. Auflage 2007
Copyright © 2007 GRIN Verlag
http://www.grin.com/
Druck und Bindung: Books on Demand GmbH, Norderstedt Germany
ISBN 978-3-638-92759-8

Website-Controlling
als Grundlage der Optimierung von
Electronic-Commerce-Angeboten

Abschlussarbeit
an der
Leibniz-Akademie Hannover
im Rahmen des Studiengangs zum
Wirtschaftsinformatiker (BA)

Philipp Wovwod
aus
Hannover

Inhaltsverzeichnis

Abbildungsverzeichnis

Tabellenverzeichnis

Abkürzungsverzeichnis

B2C:	Business-to-Consumer
CLF:	Common Logfile Format
CSS:	Cascading Style Sheets
DNS	Domain Name Service
E-Commerce:	Electronic Commerce
E-Controlling:	Electronic Controlling
ELF:	Extended Logfile Format
GIF:	Grahpics Interchange Format
HTML:	Hypertext Markup Language
HTTP:	Hypertext Transfer Protocol
IP:	Internet Protocol
ISP:	Internet Service Provider
IVW:	Infomationsgesellschaft zur Feststellung von Werbeträgern e.V.
JPEG:	Joint Photographic Experts Group
MIME:	Multipurpose Internet Mail Extension
NAT:	Network Address Translation
OLAP:	Online Analytical Profiling
PHP:	PHP Hypertext Preprocessor
PI:	Page Impression
RFC:	Request For Comment
TüviT	echnischer Überwachungsverein Informationstechnologie
URI:	Uniform Ressource Identifier
URL:	Uniform Ressource Locator
W3C:	World Wide Web Consortium
XML:	eXtensible Markup Language

1 Einleitung

Das Internet und sein Einfluss auf den Menschen hat sich in den letzten Jahren stark
verändert. Während früher noch Skepsis gegenüber diesem modernen Medium herrschte,
erfreut sich die Nutzung desselbigen heutzutage größter Beliebtheit. Sowohl Privat- als
auch Geschäftsleute haben die unglaublichen Potentiale, die eine globale Vernetzung haben kann, erkannt und nutzen diese.

Mit Beginn des Siegeszuges dieses für die Menschen immer selbstverständlicher werdenden
Mediums ging auch die zunehmende kommerzielle Nutzung einher. Unternehmen haben
längst erkannt, dass eine Dartstellung ihrer im Internet nicht mehr nur Effekthascherei ist,
sondern tatsächlich zur Umsatzsteigerung beitragen kann. Angefangen mit einer Website,
die ein kompaktes Firmenprofil, Produktinformationen und Kontaktmöglichkeiten bietet,
zeigen sich in komplexen Online-Shop-Systemen Wege des direkten Vertriebs unter Aus-
schaltung des Zwischenhandels auf, die für viele Unternehmen eine reizvolle Perspektive
bieten könnten. In dem heutigen Verständnis können gute Webpräsenzen klare Wettbe-
werbsvorteile für Unternehmen darstellen.

Gerade im Electronic-Commerce-Umfeld, in dem durch eine Vielzahl von Anbietern, die
oftmals nur einen Klick entfernt sind und durch eine gesteigerte Markttransparenz auch
von Kunden wahrgenommen werden, eine starke Konkurrenz-Situation vorherrscht, ist die
Optimierung der Website oder des Online-Shops von besonderer Bedeutung.
Bisher glich die Webpräsenz einer Unternehmung eher einer Blackbox, aus der es nur
unter erschwerten Bedingungen aussagekräftige Informationen zu extrahieren gab. Zwar
gibt es die Server-Log-Dateien bereits seit der Einführung der Webserver, doch dienten
diese eher der technischen Kontrolle der Websites.
Die sich daraus ableitende Aufgabe des Website-Controlling ist es, diesen Missstand zu
beseitigen und mit innovativen Instrumenten eine technische und betriebswirtschaftliche
Aufbereitung der Daten eines Internetangebotes transparent zu machen.

2 Grundlagen

2.1 Website

Als Website wird im Allgemeinen die Gesamtheit der Präsenz eines Unternehmens, einer Organisation oder einer Person im Internet verstanden. Oft gebrauchte Synonyme der Website sind Webpräsenz, Webauftritt oder Internetangebot. Eine Website besteht aus mehreren einzelnen Dokumenten, die über eine einheitliche Navigation, beziehungsweise ein einheitliches Layout verfügen. Zudem finden sich diese einzelnen Dokumente zumeist unter einem gemeinsamen Domainnamen, der bereits eine Zusammengehörigkeit symbolisiert.[1]

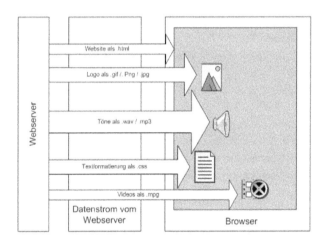

Abbildung 1: Aufbau einer Website

Quelle: Heindl, E. (2003), S. 33.

In Abbildung 1 ist der Aufbau einer Website grob skizziert. Websites werden in der Markup-Sprache Hypertext Markup Language (HTML) geschrieben. Grafiken werden zumeist in den Formaten Joint Photographic Experts Group (JPEG) oder Graphics Interchange Format (GIF) gespeichert und ausgeliefert. Die immer mehr zum Einsatz kommenden Multimedia-Elemente werden entweder direkt auf der Website integriert und über serverseitige Applikationen in Verbindung mit clientseitig installierten Runtime-Umgebungen dargestellt oder zum Download bereitgestellt. Formatierungsinformationen werden über Cascading Stylesheet- (CSS-) Dateien übermittelt und interpretiert.

---

[1]Vgl. Heindl, E. (2003), S. 32.

2.2 Controlling

Die Funktion Controlling beschreibt die Förderung der Rationalität der Führung eines Unternehmens.[2] Vollzogen wird sie durch die typische Abfolge von Willensbildung, Willensdurchsetzung und Kontrolle. Die Führung eines Unternehmens wird durch unterschiedliche Akteure (bspw. Geschäftsführung, Manager) gewährleistet und basiert auf deren Wissen und Können. Da diese Akteure neben dem Wohl der Unternehmung zumeist auch eigene Interessen verfolgen und es zudem auch Defizite in Wissen und Können derselbigen geben kann, erscheint es sinnvoll die Unternehmensführung durch spezifische Handlungen zu ergänzen, die ein rationales Handeln ermöglichen und sicherstellen.[3]

Demnach soll Controlling ganz abstrakt als ein Intrument der Information dienen, das der Führung eines Unternehmens bewertbare Kennzahlen über die Geschicke des operativen Geschäftes vermittelt. Controlling ist, sofern es nicht weiter definiert wird, immer abhängig von dem Kontext in dem es gebraucht wird, so dass es keine allgemeingültige, klare Definition hiefür geben kann.

Im Detail kann sich Controlling je nach Einsatzgebiet komplett unterschiedlich ausprägen und ist daher in seiner Gänze nur schwer fassbar. Verabschieden sollte man sich von der falschen direkten Übersetzung des englischen Begriffs „to control". Diese hat nämlich nur bedingt mit dem deutschen „kontrollieren" zu tun, sondern meint vielmehr „steuern", „beherrschen", „beeinflussen" oder „regulieren".

Eine genauere Beschreibung des Begriffs Controlling, wie er in dem Kontext dieser Arbeit Anwendung findet, wird im Kapitel 3.1 im Rahmen der Definition des Website-Controllings vorgenommen.

2.3 Electronic-Commerce

Electronic Commerce (E-Commerce) umfasst nach Thome „alle Formen, Geschäftsprozesse zwischen Unternehmen untereinander und zu ihren Kunden über globale, öffentliche und private Netze digital abzuwickeln. [...] Zu eC gehört jede sinnvolle Form geschäftsbezogener, digitaler Kommunikation, weil sie eben schneller, billiger, vollständiger, fehlerärmer, schöner, bequemer, aufschlussreicher und umweltverträglicher ist als die konventionellen Formen der Informationsweitergabe."[4]

E-Commerce ist nach Thome also ein umfassender Terminus, der sämtliche Arten von Geschäftsprozessen, die über globale, öffentliche und private Netze digital abgewickelt werden, beschreibt.

Andere Quellen differenzieren hier die Begrifflichkeiten E-Commerce und E-Business in sofern, als dass sie E-Commerce als eine Untermenge des umfasenderen E-Business beschreiben. E-Business ist nach Berres nicht nur eine Marke, die sich die Firma IBM in den 90er Jahren gesichert hat, sondern vielmehr ein Begriff, der ein Geschäftsgebaren be-

[2]Vgl. Weber, J./Schäfer, U. (1999), S. 732.
[3]Vgl. Weber, J./Schäffer,U./Freise,H. (2001), S.447.
[4]Thome, R. et al. (2005), S. 2.

schreibt. „*bei dem sämtliche Geschäftsprozesse internet-gestützt durchgeführt werden und über alle Stufen der Wertschöpfungskette digital erfasst sind.*"[5] E-Commerce wird hierbei als Teilbereich beschrieben, der ausschließlich die Vereinbarung und Abwicklung rechtsverbindlicher Geschäftstransaktionen mit Kunden umfasst.

Die Gründe für den Einstieg in E-Commerce lassen sich in strategische und operationale Chancen sowie Mehrwert und Kostenvorteil differenzieren.

Das Schaubild in Abbildung 2 stellt diese Differenzierung dar und beschreibt die durch E-Commerce erreichbaren Potentiale.

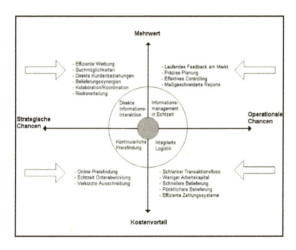

Abbildung 2: Allgemeine Theorie des E-Commerce

Quelle: Cole, T./Gromball, P. (2000), S. 16 [leicht modifiziert]

Direkte Informationsinteraktion

Die direkte Informationsinteraktion beschreibt die durch das Internet gewonnenen Möglichkeiten direkt in Kontakt mit Geschäftspartnern oder in Transaktionsabwicklungen zu treten. Durch E-Commerce ist es einfacher Kontakte zu Kunden und Lieferanten zu halten. Auch zielgerichtete Werbung oder personalisierte Marketingmaßnahmen werden durch E-Commerce vereinfacht.

Integrierte Logistik

Alle Aufgaben der Logistik, also die Bewegung von Gütern, Informationen/Daten und Finanzwerten können durch einen gezielten Einsatz von E-Commerce profitieren.

Gerade die Eliminierung von Medienbrüchen, die zum einen einen Geschwindigkeitsvorteil bringt als auch eine geringere Fehlerquote des Ergebnisses bewirkt, gilt es zu berücksichtigen. Im Bereich der Logistik lassen sich E-Commerce-Ziele generell durch die Senkung

---

[5]Berres, A. (2002), S. 101.

von Ablaufkosten, Durchlaufzeiten und der Vermeidung von Fehlern definieren.

Kontinuierliche Preisfindung
Der Punkt der kontinuierlichen Preisfindung beschreibt die Problematik der Markttransparenz. Vor den Zeiten des E-Commerce war es für Händler und Kunden schwierig einen gesamten Markt nach dem besten Preis-/Leistungs-Verhältnis abzusuchen. Zwar scheint dieser Punkt vor allen Dingen dem preisaffinen Kunden „in die Karten zu spielen", doch können sich auch Händler durch eine geschickte Preispolitik von Konkurrenten differenzieren und so einen Wettbewerbsvorteil erreichen.

Management-Information in Echtzeit
Eine durch die zeitnahe Informationsbeschaffung ausgelöste Änderung von Strategien kann ebenfalls zu einer Steigerung des Umsatzes führen. Hierbei ist zu Bedenken, dass diese zeitnahe Information Auswirkungen auf den Transaktionsfluss, der direkten Optimierung von Geschäftsabläufen und die Effizienz des klassischen Controllings haben kann.

Der in dieser Arbeit verwendete Terminus E-Commerce bezieht sich zwar nicht ausschließlich auf diese explizit über die Kundenbeziehung beschriebene Definition, doch gibt das sehr kundennahe Thema dieser Arbeit die Ausrichtung des Begriffs vor. Ferner ist der Kunde und die Ausrichtung des E-Commerce auf diesen nahezu untrennbar miteinander verbunden. Im Internet ist die Konkurrenz meist nur einen Klick entfernt, sodass Unternehmen dem Kunden und seinen Bedürfnissen eine gesteigerte Aufmerksamkeit zukommen lassen sollten. Zwar spielt die Art des E-Commerce keine allzu entscheidende Rolle für das Website-Controlling, doch geht diese Arbeit hauptsächlich von einer Business-to-Consumer-Situation (B2C) aus.

3 Website-Controlling

3.1 Definition

Einer Website ist nicht anzusehen, wieviele Nutzer sie hat. Es bleibt auf den ersten Blick unklar welche Zahlen sich hinter den Zugriffen auf die Internetpräsenz verbergen und wie diese Zahlen später für Entscheidungen, die die Optimierung, Anpassung oder kurz gesagt die Verbesserung der Seiten bewirken, aufbereitet und zu Rate gezogen werden können. Das Website-Controlling soll die dazu notwendigen Informationen bereitstellen.

Nach Hutter[6] ist das Website-Controlling dem Electronic-Controlling (E-Controlling) untergeordnet, das das Controlling sämtlicher relevanten Bereiche des Electronic Business

---
[6]Hutter, M. (2001), S. 222f.

einer Unternehmung umschließt.

Das E-Controlling wird nach Hutter in eine funktionale und eine instrumentale Perspektive unterteilt. In der instrumentalen Perspektive versteht er das E-Controlling als ein Instrument, das zur Informationsgewinnung dient. Typischerweise ist hier das Internet bzw. ein firmeninternes Intranet, die Informationen liefern können, zu nennen. Die funktionale Sicht des E-Controllings stellt im Gegensatz dazu das Internet bzw. die Internet-basierten Geschäftsprozesse einer Unternehmung in das Zentrum der Betrachtung. Unter dieses Objekt fällt auch das zu betrachtende Feld des Website-Controllings, welches sich als Untermenge der funktionalen Perspektive des E-Controllings subsumieren lässt.

Gegenstand des Website-Controllings ist die Untersuchung der Website als solches und die Lieferung bzw. die Erkennung von relevanten Daten, die der Operationalisierung und Optimierung des für die Website definierten Ziels ermöglichen.

Hierbei steht vor allen Dingen die Optimierung der Website hinsichtlich ihrer Qualität sowie der kundengerechten Gestaltung und Umsetzung im Vordergrund. Natürlich erhoffen sich Website- oder Online-Shop-Betreiber daraus eine Steigerung des Umsatzes, die durch die Verbesserung des Kundenkontaktes zustande kommen soll. Website-Controlling dient dabei als Informationsquelle für absatzfördernde Maßnahmen wie bspw. Werbung, Marketing oder die Verkaufsförderung.

3.2 Kennzahlen

3.2.1 Relevanz von Kennzahlen

Die Analyse des Erfolgs einer Website basiert nahezu immer auf Kennzahlen. Es gibt die verschiedensten Arten von Kennzahlen, die Aufschluss geben können. Doch scheint es eine der bedeutendsten Aufgaben des Website-Controllings zu sein, die Signifikanz und Aussagekraft einzelner Kennzahlen einschätzen zu können. In dem sehr technisch geprägten Umfeld der Website haben Zugriffszahlen noch immer eine bedeutende Stellung.

Die Tatsache, dass im E-Commerce allerdings nicht nur die Abrufe einer Website oder eines Online-Shops sondern vielmehr auch die tatsächlichen Transaktionen von Bedeutung sind, lässt darauf schließen, dass neben den rein technischen Zugriffsdaten der Internetpräsenz eines Unternehmens auch noch andere Kennzahlen bei der Optimierung eines Internetangebots zu Rate zu ziehen sind.

3.2.2 Basiskennzahlen

Als Basiskennzahlen eines Internetangebotes sind die aus den Log-Dateien resultierenden Kennzahlen zu sehen.[7] Durch die Analyse von Log-Dateien lässt sich das Abrufverhalten von Besuchern der Website („User") erkennen.

---

[7]Vgl. Bogner, T. (2006), S. 144.

Anhand der Grafik in Abbildung 3 lässt sich eine Untergliederung der zu analysierenden Daten nach Sterne erkennen.

Abbildung 3: The Hierarchy of Web Site Activity

Quelle: Cutler, M./Sterne, J. (2000), S. 16.

- **User**

  Der Begriff „User" (engl. für Benutzer) bezeichnet einen real existierenden Benutzer der Website. Hierbei lässt sich mit Hilfe der Log-Datei unter Umständen erkennen, ob es sich um einen bereits registrierten User oder einen unbekannten handelt. Einem User können ein oder mehrere Visits zugeordnet werden.

- **Visits**

  Als „Visits" (engl. für Besuche) werden zusammenhängende Sitzungen eines Benutzers einer Website bezeichnet. Diese Visits werden anhand der IP-Adresse des Users festgemacht und dauern einen festgelegten Zeitraum, den der Benutzer auf der Internetseite verweilen muss, bevor ein neuer Visit gezählt wird. Log-Datei Analysen haben hierbei allerdings keinen einheitlichen Zeitraum der Verweildauer von Usern auf der Website, so dass bei dem Einsatz unterschiedlicher Mittel immer stark differierende Ergebnisse zu Tage kommen.[8] Ein Visit umfasst je nach Analyse-Mittel 30 bis 60 Minuten. Der Vergleich von Visits ist aufgrund der nicht klar definierten Bedingungen die zum „Zählen" eines Visits führen nicht sinnvoll. Visits sind daher eher theoretische Größen die wenig aussagekräftig sind.

- **Pageviews**

  Die oftmals auch als Page Impressions (PI) (engl. für „Seiten Impressionen") bezeichnete Zahl der Pageviews beschreibt die Anzahl der zusammengehörigen Seiten, die betrachtet wurden. Hierbei wird also eine informationstragende Seite des Internetangebotes mit allen zu ladenden Grafiken und importierten Dateien als ein Pageview erfasst.

  Pageviews werden in einfachen Log-Datei Analysen über die Filterung der Dateiendung, also zum Beispiel *.html oder *.php, gemessen. Immer komplexer werden de Webanwendungen, der zunehmende Einsatz von Content-Management-Systemen

---

[8]Vgl. Münz, S./Nefzger, W. (2005), S. 1048.

und das Inkludieren von Dateien durch serverseitige Programmiersprachen wie PHP Hypertext Preprocessor (PHP) machen die Erfassung von Pageviews auf diese Weise komplizierter.[9] Dieser Problematik ließe sich nach Heindl einfach durch die Aufzeichnung des im Hypertext Transfer Protocol (HTTP) mitgesendeten Multipurpose Internet Mail Extension-Types (MIME-Types) umgehen. Im Mime-Type wird eindeutig festgehalten von welcher Art die übertragenen Daten sind, ohne auf eine bestimmte Dateiendung fixiert zu sein.[10]

Nach Definition der Informationsgemeinschaft zur Feststellung der Verbreitung von Werbeträgern e.V. (IVW)[11] ist ein Pageview dann zu zählen, wenn der Abruf vornehmlich nutzerindiziert vorgenommen wurde. Demnach muss der Aufruf der Seite durch das Klicken mit dem Maus oder durch eine Eingabe auf der Tastatur im Gegensatz zu einer automatischen Weiterleitung ausgelöst werden. Zugriffe von Robots bzw. Spidern sind nicht zu zählen. Sofern durch die Nutzerinteraktivität keine wesentlichen Veränderungen an der Seite (Verschieben/Markieren von Inhalten, Mouse-Over-Effekte oder Farbveränderungen) geschehen, ist dieses auch nicht als Pageview zu interpretieren.

- **Hits**
  Als ein „Hit" wird ein einzelner Aufruf einer Datei bezeichnet. Hierbei handelt es sich um die kleinste messbare Größe dieser Systematisierung. Hits beinhalten also alle Objekte (Grafiken, Stylesheets, Audio-Elemente, etc.), die in einer Website integriert sind und mitgeladen werden.

Die hier beschriebenen Basiskennzahlen ermöglichen die Einschätzung der Zugriffszahlen der Website. Während sich mit Hilfe von Pageviews und Hits die tatsächlichen Abrufe relativ genau betrachten lassen, sind die Visits auf Grund ihrer nicht eindeutigen Definition nur wenig aussagekräftig. Die Anzahl der „Unique User" (engl. für einzigartige Benutzer) lässt sich aufgrund der später im Kapitel 3.3.2 beschriebenen Problematiken der Proxy- bzw. Proxy-Cache-Server auch nicht eindeutig identifizieren.

Ferner gilt es auch eventuelle Eigenheiten im Stil des Webdesigns zu beachten. Jeder Ersteller von Websites hat eigene Angewohnheiten seinen Inhalt grafisch aufbereitet darzustellen. So bedienen sich einige dem massiven Einsatz von Grafiken zur Strukturierung des Inhalts während andere sparsamer damit umgehen. Der starke Einsatz von Grafiken lässt zum Beispiel die in den Log-Dateien protokollierten Hits stark ansteigen, hat allerdings die Zahl der Pageviews nicht beeinflusst. Zudem muss beachtet werden wie viel Information auf einer einzelnen Seite untergebracht wurde. Ist der Inhalt auf mehrere

[9]Vgl. Heindl, E. (2003), S. 32f.
[10]Vgl. Freed, N./Borenstein, N. (1996), http://tools.ietf.org/html/rfc2045, 25.01.07.
[11]Vgl. Informgem. zur Feststellung der Verbreitung von Werbeträgern e.V. (Hrsg.), (2005), http://daten. ivw.eu/download/pdf/Online_RichtlinienV1_9_Anlage1.pdf, 25.01.07.

Seiten verteilt, würden deutlich mehr Pageviews zustande kommen, als wenn dieser nur auf einer sehr langen Seite untergebracht ist.

3.2.3 Technische Kennzahlen

Als technische Kennzahlen einer Website lassen sich sämtliche Kennzahlen bezeichnen, die losgelöst von Zugriffstatistiken Bestand haben. Hier sind im Besonderen die Antwortzeiten der Website zu erwähnen, auf die im späteren Kapitel 4.1.2 im Rahmen der „Usabilty" noch genauer eingegangen wird.

Neben dieser Dauer scheint auch die Internet Protocol-Adresse (IP-Adresse) von zunehmender Bedeutung zu sein. Bereits bei einigen Internet-Werbungs-Anbietern lässt sich der zunehmende Einsatz der IP-Adresse zur Auswertung der geographischen Herkunft eines Nutzers erkennen. Dieses geschieht vorrangig um Werbung besser auf diesen anzupassen. Diese als „Geotargeting" bezeichnete Technologie basiert auf Datenbeständen, in denen IP-Bereiche („Ranges") geographischen Regionen zugeordnet sind.[12] Zwar wirken angewandte technische Grundsätze des Internet Protocols, wie dynamische IP-Adressen und das Network Address Translation (NAT) Verfahren dem Geotargeting in sofern entgegen, als dass man IP-Adressen nicht einem Benutzer zuordnen kann, doch lassen sich IP-Adressen immer einem Besitzer zuordnen.

Allen großen Internet Service Provider (ISP) sind bestimmte IP-Ranges zugeordnet. Darüber lässt sich zumeist mindestens der Dienstanbieter und damit auch der Staat ermitteln lässt. Darüber hinaus haben die großen ISPs ihre ihnen zugeordneten IP-Ranges weiter geographisch untergliedert. Über das Auslesen der IP-Adresse lässt sich oftmals der Großraum, aus dem der Benutzer kommt eingrenzen.

Durch diese regionale Differenzierung können Online-Shop-Betreiber ihr Angebot nun auf regionale Besonderheiten für bestimmte Produkt- oder Kundengruppen einstellen. Als Beispiel ist hier das Angebot des Internet-Wettanbieters Bwin (ehemals Betandwin), der Nutzer aus Hessen anhand ihrer geographischen Herkunft vom Tippspiel ausschließt. Dieses geschieht aufgrund der rechtlichen Situation zum Thema Internetwetten des Landes Hessen.

Der Zahlungsdienstleister Paypal bedient sich des Geotargetings, um sich vor Online-Betrug zu schützen. Durch den Abgleich von geographisch eingeordneten IP-Adressen und Bankverbindungen kann so eine Plausibilitätsprüfung vorgenommen werden. Natürlich ist dieses nur bei regional ansässigen Banken möglich. Kunden von Internet-Direkt-Banken können so nicht überprüft werden.

Mit Hilfe des „**Referrers**", den der Webbrowser des Benutzer an den Webserver übermittelt lässt sich die Internetherkunft des Surfers feststellen. Ein Referrer ist ein auf die Website verweisender Uniform Ressource Identifier (URI). Durch ihn wird ersichtlich, von welcher fremden Website der Benutzer gekommen ist. Der Website-Betreiber kann so se-

---

[12]Vgl. Hemenway, K./Calishain, T. (2003), S. 281.

hen, von welcher Verlinkung auf internen oder externen Websites der Benutzer auf seine Webpräsenz gekommen ist und beurteilen, wo Werbung eventuell sinnvoller geschaltet werden könnte.

3.2.4 Aggregierte Kennzahlen

Neben den Basiskennzahlen nach Cutler[13] und den technischen Kennzahlen sehen Hüttl und Duscha[14] auch die „AdClicks", die „Clickthrough rate", die „Viewtime" die „Conversion Rate" und die „Referrer" als besonders bedeutend an.

Diese aggregierten Kennzahlen ergeben sich zumeist aus der Kombination der Basiskennzahlen mit den technischen Kennzahlen und haben oftmals eine größere Aussagekraft als isoliert betrachtete Zahlen.

Die „**AdClicks**" geben die Anzahl der Klicks auf ein werbetragendes Objekt, etwa einen Werbebanner wieder, durch den der Benutzer auf die Website des Werbenden gelangt. Hier wird im Gegensatz zu der simplen Betrachtung der „Views" des Banners ein wahres Interesse an dem Inhalt des Werbemittels messbar gemacht. Durch das Klicken auf den Banner lässt sich erkennen, dass der Benutzer die Werbung nicht nur gesehen hat, sondern auch auf diese reagiert.

Die „**Click through rate**" beschreibt das Verhältnis zwischen Page Views und AdClicks. Diese Zahl vermittelt also einen Eindruck davon, wieviele Benutzer den Werbeträger sehen und wieviele ihn dann auch tatsächlich anklicken.

Als „**Viewtime**" oder zu deutsch „Kontaktdauer" versteht man die Zeit, die der Benutzer auf einer Website verweilt. Sie ist damit ein indirekter Indikator für den Informationsgehalt einer Website. Sofern sich der Benutzer lange mit den Inhalten der Seite beschäftigt ist davon auszugehen, dass er die darauf dargestellten Informationen als interessant oder attraktiv betrachtet und somit länger auf dieser Seite bleibt.

Die „**Conversion Rate**" ist besonders für Online-Shops aussagekräftig. Sie beziffert die Zahl der Benutzer, die vom einfachen Website-Besucher zu einem Kunden des Unternehmens wurden, also diejenigen, die dann einen Kauf tätigten. Analog dazu lässt sich auch eine Konversionsrate betrachten, die das Verhältnis von („anonymen") Website-Besuchern zu Benutzer-Registrierungen beschreibt.

Zudem lässt sich beispielsweise einfach der Anteil der „Ein-Klick-Besuche" berechnen, in dem man die Ein-Klick-Besuche durch die Visits/Pageviews teilt. Eine Antwortquote auf Fragebögen liesse sich über die Anzahl der ausgefüllten Fragebögen geteilt durch die Pageviews ermitteln. Die Conversion Rate ist also ein ambivalent nutzbarer Begriff, der den Übergang einer Kennzahl in eine andere beschreibt.

Anbieter von Website-Controlling Produkten und Dienstleistungen bieten ferner die Ana-

---

[13]Vgl. Cutler, M./Sterne, J. (2000), S. 16.
[14]Vgl. Hüttl, T./Duscha, A. (2006), S. 2.

lvse von „Velocitv". „Stickiness" und „Slipperiness" an.[15]
Als „Velocitv" wird in Online-Shops die Anzahl der Seitenabrufe. die getätigt werden. bis
es zu einem Kaufabschluss kommt. bezeichnet. Dieses kann die Annäherung an das Ideal
des von Amazon patentierten „One-Click-Shoppings"[16] aufzeigen und stellt somit ein Maß
der Verkaufsfreundlichkeit der Website dar.
Die „Stickiness" beschreibt die Fähigkeit einer Website einen Besucher zum Verweilen
auf dieser zu animieren. Diese aggregierte Zahl lässt sich aus der Zahl der Pageviews pro
Besucher. der durchschnittlichen Verweildauer pro Seite und der Gesamtverweildauer berechnen. Gerade bei Produkt- oder produktbegleitenden Seiten sollte eine hohe Stickiness
angestrebt werden.
Die „Slipperiness" beschreibt das genaue Gegenteil der Stickiness. Sie beschreibt die Ei-
genschaft Kunden oder Besucher möglichst schnell „abzufertigen" und weiterzuschicken.
Eine hohe Slipperiness ist also dann anzustreben. wenn es um Bezahl- oder Checkout-
vorgänge geht. Dadurch soll vermieden werden. dass der Kunde allzulange Zeit hat. seine
Kaufabsicht zu revidieren und die Bestellung doch nicht abzusenden.

3.3 Instrumente

3.3.1 Allgemein

Die Instrumente der Erfolgsmessung von Websites lassen sich in zwei grobe Kategorien
einteilen. Buxel[17] unterscheidet dabei zwischen reaktiven und nicht-reaktiven Erhebungsmethoden. Die reaktiven Erhebungsmethoden erwarten ein vom Besucher der Website
abgegebenes Feedback zu dem Internetauftritt. also einen ausgefüllten Fragenbogen. eine
Bewertung oder eben tatsächliche Käufe im Online-Shop.
Die Auswertung von solchen Feedbacks ist in der Regel durch Automatisierungen ziem-
lich unkompliziert. Als einzig problematischen Punkt sind hierbei eventuelle Freitext-
Passagen. in denen Benutzer ihre Empfindungen in eigenen Worten beschreiben. zu sehen.
Diese sind oftmals nicht automatisiert auswertbar und müssen manuell erfasst werden.
Weitaus komplizierter ist es. die nicht offensichtlichen Erfolgskennzahlen einer Website
zu erkennen. Mithilfe von nicht-reaktiven Erhebungsmethoden. also Methoden die nicht
auf der direkten Reaktion eines Websitebesuchers beruhen. ist die Auswertung wesentlich
diffiziler.

3.3.2 Log-Dateien

3.3.2.1 Aufbau

Eine Log-Datei ist eine Datei. die bestimmte Aktivitäten eines Computersystems protokolliert (aus dem Englischen von „to log" - protokollieren). In dem Kontext dieser Arbeit

---

[15]Vgl. o.V. (2007). http://www.contentmetrics.de/Web_Controlling/Glossar/. 03.02.07.
[16]Vgl. Hartman. et al. (1999).
[17]Vgl. Buxel. H. (2001). S. 55.

meint Log-Datei die vom Webserver erstellten Protokolldateien des Zugriffs auf die Internetpräsenz einer Unternehmung. Die Log-Dateien bilden die Grundlage der einfachen Erfolgskontrolle von Websites.

Alle gängigen Webserver erstellen diese Protokolldateien automatisch und legen diese im Dateisystem ab. Log-Dateien werden zumeist auf der Basis des standardisierten Common Logfile Format (CLF) oder des Extended Logfile Format (ELF) erstellt. Exemplarisch sind die Basisfelder des CLF in Tabelle 1 dargestellt.

Feld	Bedeutung
remotehost	anfordernde Host-Adresse. IP-Adresse
rfc931	Benutzername auf Remoterechner
authuser	Benutzername auf WWW-Server
[date]	Datum und Uhrzeit der Anfrage
„request"	HTTP-Anfragezeile
status	HTTP-Status der Anfrage
bytes	Anzahl der übertragenen Daten

Tabelle 1: Felder des Common Logfile Formats

Bei diesen Feldern des CLFs handelt es sich um die am häufigsten protokollierten Basiszahlen. In den Einstellungen des Webservers lassen sich allerdings noch weitere Kennzahlen mitprotokollieren. Dazu gehört unter anderem auch der Referrer, der den URI der vermittelnden Stelle angibt. Der Referrer beschreibt also die Website von der der Benutzer auf das zu untersuchende Internetangebot durch Anklicken eines Links gekommen ist. Auch die Angabe der IP-Adresse, von der die Seite abgerufen wurde sowie Browser und Betriebssystem des Besuchers werden häufig im sogenannten „Agent"-Feld protokolliert.[18] Anhand der IP-Adresse können unter Umständen Informationen über den Hostnamen des Besuchers gewonnen werden. Über Reverse Domain Name Service- (DNS-) Dienste lässt sich oftmals auf den Hostnamen schließen. Dieser ist häufig sprechend für die Unternehmung, die den Internetzugang bereitstellt und kann daher weitergehende Informationen über die Besucher der Website geben.

3.3.2.2 Datenbereinigung

Um die Aufzeichnungen in den Log-Dateien sinnvoll nutzen zu können, bedarf es noch der Aufbereitung derselbigen. Als erster Schritt, der zur Weiterverarbeitbarkeit der Log-Dateien führt gilt die Bereinigung der protokollierten Daten.

Nachfolgend sind einige der statistikverfälschenden Einträge in Log-Dateien aufgeführt, die es in der Phase der Datenbereinigung zu erkennen und zu eliminieren gilt:

---

[18]Vgl. Heindl. E. (2003). S. 101 ff.

- **Agentensysteme identifizieren und entfernen**

Alle aktuellen Suchmaschinen im Internet bedienen sich so genannter „Robots",
„Crawlern" oder „Agentensysteme", die Websites vollautomatisch durchkämmen und
indexieren sollen. In der Regel lesen diese automatisierten Indexierungsmaschinen
sämtliche textuellen Inhalte der Website inklusive aller Pfade und Verknüpfungen
aus und nehmen diese anhand der hinterlegten Meta-Daten und des Inhalts in den
Index der Suchmaschine auf. Natürlich hinterlassen diese Robots auch ihre Spuren
in den Log-Dateien des Servers. Ferner werden häufig als „Web-Spider" bezeichnete
Programme eingesetzt, die das Internet nach Informationen durchsuchen und dabei
ihre Spuren in den Log-Dateien hinterlassen.[19]
Da es sich hierbei allerdings nicht um tatsächliche Benutzer sondern um automatische Indexierungsprogramme handelt, müssen diese vor einer Auswertung aus den
Log-Dateien entfernt werden.[20] Die meisten dieser Programme identifizieren sich
eindeutig über den Inhalt des Agent-Felds des HTT-Protokolls und lassen sich so
einfach eliminieren. Agentensysteme, die sich nicht darüber zu Erkennen geben, können über den Abruf der Datei *robots.txt* als erste angefragte Datei erkannt werden.
Diese Datei ist eine von den meisten Agenten durchsuchte Datei des Internetangebotes, in der Instruktionen für das automatische Durchsuchen der Seiten abgelegt sind.
Sofern auch dieses keinen Erfolg bringt, lässt sich ein Agentensystem zudem noch
über Besonderheiten im Abfrageverhalten der Websites erkennen. Zum Sparen von
Bandbreite und der damit einhergehenden vereinfachten Bearbeitung der automatisiert geladenen Daten, fragen Agentensysteme zumeist keine Bild- oder Multimediadateien ab. Außerdem sind Agentensysteme oft über die sehr kurz hintereinander
abfolgenden Seitenaufrufe, die so von einem Menschen kaum aufgenommen werden
können, erkennbar.

- **Multimediadateien**

Die durch den Abruf von Multimediadateien, wie beispielsweise Grafiken, Musik-
dateien, Filmen oder Animationen verusachten Einträge in den Log-Dateien sind
zumeist wenig aussagekräftig. Unter der Prämisse der Geringhaltung des Aufwan-
des zur Analyse sollte auf alle unnötigen Daten, die zwar einen Aufwand in der
Auswertung machen aber schlussendlich nur bedingten Nutzen bringen, verzichtet
werden.[21]
Ferner ist gerade bei den Grafikdateien, die vermutlich den größten Anteil an diesen
Log-Datei-Einträgen verzeichnen werden, zu bedenken, dass Grafiken in den meisten
Fällen nicht getrennt von anderen Inhalten aufgerufen werden und damit unter den
gewünschten Erfolgen der Analyse getrennt von der Seite betrachtet keinen großen
Informationsgehalt aufweisen.

[19]Vgl. Matern, J. (2000), S. 52.
[20]Vgl. Sterne, J. (2002), S. 71f.
[21]Vgl. Sterne, J. (2002), S.87.

- **URL-Normalisierung**

Die Normalisierung der URLs ist ein weiterer wichtiger Aspekt bei der Bereinigung der Log-Dateien. Über die in den Einstellungsdateien des Webservers vorgegebenen Weiterleitungsregeln werden Besucher der Website durch die Eingabe der URL ohne eine direkte Angabe einer abzurufenden Datei meist auf eine Index-Datei (bspw. *index.html* o.ä.) weitergeleitet. Auch das Weglassen der vorangestellten Subdomain *www.* führt den Benutzer oftmals zu einer richtigen Seite.

Auf einen „Trailing Slash" (/) wird in der Regel generell verzichtet. Doch dank des geschickten URL-Rewriting des Webservers[22] kommen die Besucher dennoch auf die gewünschten Seiten. Dieses Problem wird anhand eines Beispiels der aufgerufenen Seiten deutlicher. So bringen die folgenden Aufrufe den Benutzer immer auf die gleiche Seite, werden aber unterschiedlich mit ihrer jeweiligen Request-Line protokolliert:

http://www.heidrich.de
http://www.heidrich.de/
http://www.heidrich.de/intro.php
http://heidrich.de
http://heidrich.de/
http://heidrich.de/intro.php

Damit diese Unterschiede im Abrufverhalten der Dateien nicht zu falschen Ergebnissen in der Auswertung führen, sollten diese nun normalisiert werden. Hierbei gilt es eine einheitliche Form des Hostanteils der Adresse für jede angeforderte Datei zu verwenden. Sofern dieses nicht geschieht liegen für die selbe Datei unterschiedliche Bezeichnungen vor und es kommt zu einer Verzerrung der Abrufdaten.

Neben diesen durch die Datenbereinigung zuverlässig eliminierbaren Störquellen der Protokolldateien kommt es durch verschiedene Techniken des Internets zu weiteren Verzerrungen der Auswertungen. Hierfür sind vornehmlich die zwischengeschalteten lokalen Cache-Einrichtungen, Proxy-Cache-Server und Proxy-Server verantwortlich.

- **Lokaler Cache**

Nahezu alle modernen Browser verfügen über einen Cache-Speicher. Unter einem Cache-Speicher versteht man einen lokalen Pufferspeicher, der häufig nachgefragte Dokumente vorhält. Bevor der Browser eine vom Benutzer gestellte Anfrage direkt an den Webserver der nachgefragten Website leitet, wird von ihm kontrolliert, ob diese nicht bereits in dem erwähnten Cache-Speicher vorliegt. Sofern dies der Fall ist, wird der Inhalt aus dem Cache geladen und angezeigt. Für dieses Vorgehen gibt es zwei Gründe: Zum einen haben lokale Zwischenspeicher immer einen deutlichen

---

[22]Vgl. Engelschall, R. (1997), http://httpd.apache.org/docs/2.0/misc/rewriteguide.html, 11.02.2007.

Geschwindigkeitsvorteil gegenüber entfernt abzufragenden Inhalten und zum Anderen wird so die im Internet generell als Mangelware betrachtete Bandbreite des
Netzes nicht durch Daten, die schon beim Client vorliegen könnten, belastet.[23]

- **Proxy-Cache-Server**
  Ein weiterer statistikverfälschender Faktor bei der Analyse von Log-Dateien ist das
  außer Acht lassen von Proxy- und Cache-Servern. Diese zumeist bei den Internet Service Providern (ISP) angesiedelten Stellvertreter halten ebenfalls in einem Zwischenspeicher häufig angefragte Daten vor. Der Proxy-Cache-Server funktioniert prinzipi-
  ell genau wie der lokale Cache und macht sich die infrastrukturelle Nähe zu seinem
  Client zum Geschwindigkeitsvorteil. Diese soll die Anfragedauer dieser häufig abgefragten Websites für den Endnutzer wesentlich verkürzen. Der Proxy-Cache-Server
  fungiert seinerseits als Client des eigentlichen Webservers und verfälscht damit die
  Statistik.[24]

- **Proxy-Server**
  Ein Proxy-Server ist ein stellvertretender Rechner über den der Endnutzer seinen
  Zugang zum Internet realisiert. Dadurch soll der Netzverkehr effizienter und sicherer
  gemacht werden. Wichtige Aufgaben eines Proxy-Servers sind Vorverarbeitung von
  Daten (zum Beispiel eine Anpassung an die Darstellung von Websites auf mobilen
  Endgeräten), eine Filterung von Inhalten (zum Beispiel von verfassungsfeindlichen
  oder pornographischen Internetangeboten) oder die bereits beschriebene Vorhaltung von häufig abgefragten Dateien. Durch den Einsatz von Proxy-Servern wird
  durch dessen Vorschaltung die eigentliche Herkunft des Benutzers verschleiert. Statt
  des tatsächlichen *„Remote-Hosts"* erscheint in den Log-Dateien die IP-Adresse des
  Proxy-Servers.

3.3.2.3 Identifikation von Usern und Server-Sessions

Nachdem im vorhergehenden Schritt die Datengrundlage bereinigt wurde, liegen nun Daten vor, mit denen Benutzer und die von ihnen abgehaltenen Sessions (engl. für Sitzungen) identifiziert werden können. Sofern speziell angepasste Browser, Cookies oder
Registrierungsverfahren eingesetzt werden, ist die Identifikation von einzelnen Benutzern
sehr einfach. Es bedarf ausschließlich der Auswertung der Spuren dieser genannten Methoden um zu einer Identifikation des Benutzers zu gelangen. Sofern im Internetangebot
ein Session-Management eingesetzt wird lassen sich diese auch einfach über den Session-
Identifikationscode ermitteln.
Wenn solche Methoden allerdings nicht zum Einsatz kommen, müssen die vorliegenden
Daten der Log-Datei anhand der gespeicherten IP-Adressen in Verbindung mit dem Agent-

---

[23]Vgl. o.V. (1997), http://de.selfhtml.org/projekt/kontrollieren.htm, 12.02.2007.
[24]Vgl. Courtin, K. (2002), S. 76.

Feld gruppiert werden. Diese auch als „IP" bezeichnete Heuristik[25] besagt, dass man von einem einzelnen Benutzer ausgehen kann, wenn IP-Adresse **und** Agent-Feld von unterschiedlichen Zeilen in der Log-Datei identisch sind. Sofern nur die IP-Adresse identisch ist, der Inhalt des Agent-Feldes aber differiert, kann man annehmen, dass zwar eine neue Session vorliegt, der Nutzer allerdings höchstwahrscheinlich identisch ist. Die alleinige Identifikation birgt für Website-Betreiber einige Probleme, die ihre Aussagekraft zumindest limiteren können:

1. Es ist generell möglich, dass mehrere Benutzer über einen gemeinsamen Client, mit dem selben Browser auf die Website zugreifen.[26]

2. Andererseits ist es auch möglich, dass ein Benutzer über unterschiedliche Clientrechner auf das Internetangebot zugreift. Damit würde dieser Benutzer, obgleich es sich um einen bereits registrierten Besucher handelt noch einmal in die Statistik eingehen.

3. Das bereits im Kapitel der Datenbereinigung angesprochene Problem der Proxy- bzw. Proxy-Cache-Server kommt auch hier wieder zum Tragen.

4. Die Problematik der dynamischen Vergabe von IP-Adressen, die bei den meisten ISPs zumindest bei Privatkunden Anwendung findet, kann verfälschend auf die Identifikation von Sessions einwirken.

5. Ein weiteres Problem bei der Betrachtung der IP-Adresse zur Identifikation von Usern stellen Anonymisierungsdienste dar. Diese Dienste richten zumeist unter zur hilfenahme von anonymisierenden Proxy-Servern eine anonyme Verbindung zu Websites her, so dass hierbei ein ähnliches Problem wie bei den Proxy-Servern eintritt.

Die Probleme der Identifikation von Usern und Sessions anhand der IP-Adressen scheinen dieses zumindest theoretisch sehr aufwendig bis nicht realisierbar zu machen. In der Praxis allerdings wird ein zeitlicher Faktor einbezogen, der eine Session künstlich auf eine vorher definierte Zeit beschränkt. Zumeist wird hier die Referenzzeit von 30-60 Minuten verwandt. Diese Varianz der Referenzzeit lässt allerdings oftmals nur eine grobe Schätzung der Sessions zu.

3.3.2.4 Identifikation von Pageviews und Episoden
Die Interpretation der Pageviews als Teil der Log-Datei-Analyse wurde bereits an der Stelle der Definition der Pageviews in Kapitel 3.2.3 beschrieben, da diese Basiskennzahl ohne

[25]Vgl. Pirolli, P./Pitkow, J./Rao, R. (1996), http://acm.org/sigchi/chi96/proceedings/papers/Pirolli_2/pp2.html, 10.02.2007.

[26]Vgl. Cooley, R./Tan, P-N./Srivastava, J. (2000), http://www.informatik.uni-siegen.de/~galeas/papers/web_usage_mining/Discovery_of_Interesting_Usage_Patterns_from_Web_Data_(Cooley).ps, 10.02.2007

eine solche Beschreibung kaum Bestand hätte. Neben den Pageviews erscheint die Betrachtung so genannter Episoden noch von Bedeutung. Als Episoden werden Teilfolgen einer Session bezeichnet.[27] Diese teilweise auch als Transaktionen bezeichneten Episoden sind eine Zusammenfassung von Pageviews, die auf der Grundlage der ontologischen Analyse der Website Rückschlüsse auf oftmals zusammenhängende und damit besonders betrachtenswerte Pageview-Abfolgen zulassen.

Es lässt sich hieraus also bspw. erkennen, welchen Informationsweg der Benutzer bis zum Kaufabschluss durch den Online-Shop genommen hat oder welche Einzelseite ihn gerade davon abgebracht hat eine geplanten Kauf (evtl. erkennbar durch Produkte im Warenkorb) durchzuführen. Vom Begriff der Transaktion wird gezielt Abstand genommen, da die damit konnotierte Bedeutung, dass diese Transaktion auch zu einem Kaufabschluss kommen muss, nicht zutreffend ist.

3.3.2.5 Auswertung

Die nach den vorhergehenden Abschnitten nun vorbereiteten Daten der Log-Dateien dienen als Grundlage für nahezu alle folgenden Methoden der Analyse. Aufbereitete Log-Dateien sind die Grundlage des Web User Profiling, spielen in das Web Usage Mining hinein und geben der Click Stream Analyse einen wichtigen Input zur Erforschung des Klickverhaltens.

Auch wenn diese Techniken nicht ausschließlich auf den Log-Dateien basieren, so kann man die Signifikanz der klassischen Server-Log-Datei keineswegs bestreiten. Sie ist allgegenwärtig und gilt nach wie vor als eine der Hauptinfomartionsquellen des Website-Controllings. Neben der Funktion als Datengrundlage für weitergehende Analysen lassen sich mit einfacheren Tools aus den vorliegenden, aufbereiteten Log-Dateien einfache Darstellungen des Zugriffs- bzw. Nutzungsverhalten der User einer Website erkennbar machen.

Diese zumeist automatisierte Erstellung von Statistiken geschieht durch serverbasierte Programme, die den Datenbestand zu einem graphischen Gesamtbild zusammenfassen. Als Beispiele sollen hier die Programme „AWstats" und „WebAlizer" genannt sein, die kostenlos erhältlich sind und eine Auswertung der gesammelten und bereinigten Daten hinsichtlich der technischen Kennzahlen bereitstellen.

3.3.3 Cookies

Der Begriff des „Cookies" (engl. etwa für „Plätzchen") bezeichnet ein kleines Datenpaket, das von einem Webserver auf einem Clientrechner hinterlegt wird. Dieses Datenpaket kann später wieder vom Webserver erkannt und ausgelesen werden. Cookies werden als Teil des HTTP-Headers zwischen Browser und Webserver ausgetauscht. Bei der Wiederkehr eines Benutzers auf die Cookie-ausgebende Website wird der zuvor gesetzte Cookie ausgelesen und so der Benutzer wieder erkannt.

Cookies haben immer ein als „expiration" beschriebenes Feld, in dem der Verfall dieses

---

[27]Vgl. Lavoie, B./Nielsen, H. (1999), http://www.w3.org/1999/05/WCA-terms/, 11.02.2007.

Cookies eingetragen ist. Zu diesem Verfallsdatum löscht der Browser die Information automatisch. Ferner gibt es persistente Cookies die kein Ablaufdatum haben und damit, sofern sie nicht manuell gelöscht werden, ewig gültig bleiben.

Als Erfindung der Firma Netscape wurden Cookies bereits 1994 als Erweiterung des HTTP-Protokolls vorgeschlagen und 1997 erstmals in Request For Comment (RFC) 2109[28] erwähnt.

Der Ablauf bei der Übertragung geht aus dem nachfolgenden Schaubild hervor. Der Webbrowser des Benutzers fragt die Website über den Uniform Remote Locator (URL) ab. Der Server erkennt daraufhin, dass der Browser noch keinen Cookie von ihm gespeichert hat und generiert einen neuen. Dieser erstellte Cookie wird nun mit der Auslieferung der angefragten Seite an den Browser gesendet. Bei einer nächsten Anfrage integriert nun der Browser den Cookie automatisch in das dafür vorgesehene HTTP Header-Feld.

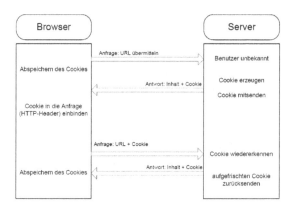

Abbildung 4: Funktionsprinzip eines Cookies

Als Inhalt eines Cookies lassen sich wieder die bereits beschriebenen reaktiven und nicht-reaktiven Daten nennen:[29]

nicht-reaktiv

In Cookies können nicht-reaktiv gewonnene Daten, wie einfache technische Informationen über den Computer des Benutzers abgespeichert werden. Zudem können Umgebungsvariablen, Bildschirmauflösungen und ähnliches in Cookies abgelegt werden.

reaktiv

Die Speicherung von reaktiven Daten können Einstellungen sein, die der Benutzer einer Website auf selbiger getroffen hat und durch die Speicherung nicht verloren gehen.

[28]Vgl. Kristol, D./Montulli, L. (1997), http://tools.ietf.org/html/rfc2109, 17.01.06.
[29]Vgl. Haas, R./Ziegelbauer, H. (2000), http://rolf.haas.net/cookie_faq.html, 09.02.2007.

Dieses kann beispielsweise den Zugang zu einem Forum oder einer Portalseite darstellen, Adressinformationen, Mitgliedsnummern oder gar Passwörter enthalten. Zumeist werden Cookies zur Speicherung von Identifizierungscodes benutzt. Anhand derer erkennt eine Webapplikation einen Browser wieder und kann so seine Wege durch die Website oder den Online-Shop verfolgen.

Bekannte Firmen wie DoubleClick oder Engage Technologies nutzen diese Verfahren um ein websiteübergreifende Datenerhebung zu ermöglichen.[30] Gegen den alleinigen Einsatz von Cookies zur Datengewinnung sprechen allerdings verschiedene technische Besonderheiten des selbigen:

- Zwar unterstützen alle aktuellen Browser den Einsatz von Cookies, doch bieten diese dem Benutzer auch die Möglichkeit, die Annahme von Cookies generell abzuschalten oder nur selektiven Webservern den Einsatz von Cookies zu erlauben. Ferner ist es auch möglich einzustellen, dass nur der tatsächlich cookie-ausgebende Host das Cookie auslesen darf.

- Cookies werden im Allgemeinen als unsicher betrachtet. Zwar sind Cookies keine ausführbaren Programme, die einen Schaden anrichten können, doch ist gerade die Speicherung von beispielsweise Zugangs- oder Kreditkartendaten in Cookies problematisch, da diese unter Umständen von Dritten ausgelesen werden können.[31]

- Cookies können auch ohne explizite Einwilligung des Benutzers gesetzt werden. Dabei geht der Website-Betreiber davon aus, dass der Benutzer generell mit dem Setzen des Cookies und der damit verbundenen Datenerhebung einverstanden ist.

- Cookies nutzen das Eigentum des Benutzers indem sie auf deren Festplatte abgespeichert werden. Diese Nutzung fremden Eigentums kann im extremsten Fall als „Eingriff in den Besitzstand angesehen werden und kann daher Bedenken gegenüber dieser Lösung hervorrufen."[32]

3.3.4 Pixeltechnologie

Die Pixeltechnologie, die oft auch abfällig als „Web-Bugs" bezeichnet wird, ist ein neuerer Ansatz zur Erfolgsmessung von Websites. Hierbei wird eine oftmals transparente oder in der Farbe des Hintergrundes gestaltete Grafik, die in der Regel nur 1x1 Pixel groß ist, in die Website integriert. Diese Grafik wird allerdings nicht vom eigentlichen Webserver des Website-Betreibers geladen sondern von einem externen Dienstleister bereitgestellt.[33] Dieser kann nun über den Browser-Zugriff des Nutzer des Internetangebots Informationen über den Besucher und seinen Besuch ermitteln. Durch die Einbindung des „Messpixels"

[30]Vgl. Buxel, H. (2001), S. 73.
[31]Vgl. Janowicz, K. (2006), S. 94.
[32]Buxel, H. (2001), S. 74.
[33]Vgl. Roetzer, F. (1999), http://www.heise.de/tp/r4/artikel/5/5482/1.html,17.01.07.

als Grafik spielen agentenbasierte Suchsystem (siehe Kapitel 3.3.2) nicht verfälschend in die von ihm erstellte Statistik ein, da diese Grafiken zumeist nicht herunter laden. Zudem wird die Grafik mit einem Fragezeichen als Trennzeichen am Ende des Dateinamens eingebettet. An diesen Operator wird dann eine Variable angehängt in der die gerade betrachtete Seite steht.

Bei statischen HTML-Seiten wird diese fest für jede Teilseite vergeben und in den Seitenrumpf eingebettet. Bei dynamischen Websites gestaltet sich die Einbettung des Messpixels noch einfacher.

Da dynamische Seiten aus einem formgebenden Template und einem aus einer Datenbank entnommenen Inhalt bestehen, lässt sich die inhaltsbezeichnende Variable, die an die Messgrafik angehängt wird, auch automatisch aus der Datenbank übernehmen und einfügen.[34] Eine einen Messpixel einbettende Zeile einer Website könnte wie folgt aussehen:

<img src="cgi-bin/SiteStat/Sitestat.gif?site=news" width="1" height="1">

Die eigentliche Messpixel-Datei ist bei diesem Beispiel die Datei *Sitestat.gif*. Über den *Fragezeichen-Operator* wird der Browser des Benutzers immer wieder dazu gebracht diese Datei neu zu laden und sie nicht in einem lokalen Cache abzuspeichern. Mit Hilfe der Variable *site* wird in diesem Beispiel der Wert *news* übergeben, der übermittelt welche Seite gerade betrachtet wird.

Neben dem Einsatz auf Internetseiten wird die Pixeltechnologie auch zur Effizienzauswertung von elektronischen Massenmailings (Spam) eingesetzt. Durch das Setzen des nichtsichtbaren Pixels lässt sich über den Abruf des selbigen überprüfen ob eine E-Mail-Adresse noch aktiv ist und abgefragt wird. Ferner lässt sich einfach ermitteln, welches Mailprogramm zum Einsatz kommt und wie die IP-Adresse des Empfängers ist.[35]

Zwar erscheint der Einsatz der Pixeltechnologie als besonders einfach und reizvoll, doch ist diese Technik nicht allzu weit von der herkömmlichen Analyse der Server-Log-Dateien entfernt. Natürlich vereinfacht der Einsatz von Messpixeln den Umgang mit den Protokolldateien durch die Lösung der in Kapitel 3.3.2.2 im Rahmen der Datenbereinigung von Log-Dateien beschriebenen Probleme ungemein und ermöglicht so eine schnellere Erkennung von Nutzungsdaten, doch bleiben einige Kernprobleme wie die des Proxy- oder Proxy-Cache-Servers nach wie vor bestehen.

3.3.5 Web User Profiling

Das Web User Profiling ist eine Methode zur Erstellung von Nutzerprofilen. Mit dieser, an das aus dem Marketing kommende Kundenprofiling (häufiger findet die englische Bezeichnung „Customer Profiling" Anwendung) angelehnten Technik, werden Nutzerdaten systematisch gesammelt und nutzbar gemacht. Nach Buxel stellt Customer Profiling *„unter*

[34]Vgl. Courtin, K. (2002), S. 79.
[35]Vgl. o.V. (2004), http://anonymsurfen.net/grundlagen/8-web-bugs/, 17.01.07.

methodisch konzeptionellen Aspekten einen komplexen Prozess dar, auf dessen einzelnen Stufen viele Freiheitsgrade und Gestaltungsoptionen existieren, deren Auswahl einen erheblichen Einfluss auf das Profiling-Ergebnis haben kann. Eine tiefe Auseinandersetzung mit relevanten Aspekten stellt damit eine Voraussetzung für die Gestaltung eines geeigneten methodischen Profiling-Ansatzes und die Interpretation der Güte der Profiles dar."[36]
Ein Customer Profile lässt sich in externe und interne Elemente untergliedern. Die externen Elemente umfassen dabei zunächst die von dem jeweiligen Kunden selbst eingegebenen Basisdaten wie Name, Alter, Adresse sowie Transaktionsdaten, wie beispielsweise Kreditkartendaten oder Bankverbindungen.

Zusätzlich zu diesen für eine Transaktion absolut notwendigen Daten werden die externen Informationen über vom Kunden freiwillig angegebene Informationen ergänzt.

Als externe Elemente eines Kundenprofils gelten alle Daten, die sich unmittelbar aus der Unternehmung bzw. in diesem Fall aus der Webanwendung generieren lassen. Hierzu lassen sich alle transaktionsbezogenen Daten, wie etwa der Kauf von Waren, die (wiederholte) Betrachtung eines Artikels, der Inhalt des Warenkorbs oder allgemeine Kategoriepräferenzen des Kunden zählen. Auch kommunikationsbezogene Daten lassen sich in so einem Kundenprofil unterbringen.

So ließe sich einfach festhalten, auf welchem Weg der Kunde Kontakt mit dem Unternehmen aufnimmt und daraus einen primären Kontaktkanal ableiten. Als Datenquelle zur Erstellung von Kundenprofilen dienen zum einen explizite Verfahren, bei denen der Kunde selbst Auskunft über sich gibt sowie implizite Verfahren, die auf anderen Datenquellen wie Log-Dateien, Cookies oder Data Mining-Ergebnissen basieren.

Gerade die Kombination von Basisdaten mit den Transaktionsdaten und dem Nutzertracking ist für die Schaffung eines scharfen Profils für das Website-Controlling interessant.[37] Ansätze so ein genaues Kundenprofil zu erstellen münden im besten Fall in die Integration in ein Customer Relationship Management System (CRM-System) mit dessen Hilfe zum Beispiel Support-Mitarbeiter bestmöglich auf Kundenanfragen reagieren können und schlimmstenfalls in einer gezielten, aufdringlichen Werbestrategie, die genau auf den einzelnen Kunden abgestimmt ist und ihn somit zu einem Spielball des Direktmarketings werden lässt.[38]

Als bestes Beispiel der Erstellung und Anwendung dieser Kundenprofile kann der Online-Buchhändler Amazon dienen. Amazon speichert das Suchverhalten seiner Kunden in eben solchen Profilen und nutzt diese gespeicherten Informationen bei einem erneuten Shopbesuch zur Generierung einer personalisierten Startseite, auf der dem Besucher auf seine Suche zugeschnittene Produkte angeboten werden. Beachtenswert ist dabei, dass Amazon dieses nicht nur bei angemeldeten Kunden des Online-Shops tut, sondern auch bei nicht angemeldeten, „anonymen" Besuchern der Website.[39]

[36]Buxel, H. (2001), S. 6.
[37]Vgl. Tuzhilin, A./Adomavicius, G. (1999), S. 2.
[38]Vgl. Klupp, N. (2003), S. 75.
[39]Vgl. Rohwer, B. (2003), S. 76.

3.3.6 Web Mining

3.3.6.1 Taxonomie des Web Mining

Unter dem Begriff des Web Mining sind nach Bensberg[40] Ansätze des Data Mining zu verstehen, die das World Wide Web (WWW) als Datenquelle für die Mustererkennung nutzen. Das Web-Mining ist eine dem Data Mining untergeordnete Disziplin, die als automatischer oder semiautomatischer Prozess, der aus einer gegebenen Datenmenge (im Falle des Web Minings gilt das World Wide Web als Datenquelle) implizit vorhandene, aber bisher unentdeckte, nützliche Informationen extrahiert.[41]

Nach Rahm[42] untergliedert sich das Web Mining in die drei Teilbereiche Web Structure Mining, Web Content Mining und Web Usage Mining. Aus Abbildung 5 wird zudem die weitere Untergliederung des Web Usage Mining in Web Log Mining und Integrated Web Usage Mining ersichtlich. Diese Untergliederung des Begriffs Web Mining soll nun in den folgenden Unterkapiteln näher betrachtet werden und die einzelnen Begriffe voneinander abgegrenzt werden.

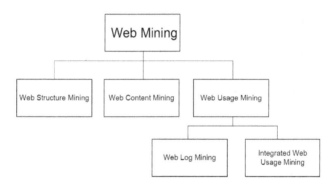

Abbildung 5: Taxonomie des Web Mining

Quelle: eigene Darstellung in Anlehnung an Bensberg, F / Weiß, T., 1999

3.3.6.2 Web Structure Mining

Als Aufgabe des Web Structure Mining wird in der Literatur die Analyse struktureller Informationen von Websites mit dem Ziel der Gewinnung inhaltlicher Informationen genannt. Dabei spielt die Betrachtung der internen und externen Hyperlink-Struktur eine besondere Rolle. Mit Hilfe dieser Referenzen auf Informationen innerhalb des Dokumentes (oft auch als Anchor bezeichnet) oder zwischen unterschiedlichen Dokumenten der Website kann eine interne Struktur untersucht werden.

Die an die mathematische Graphentheorie angelehnte Auswertung dieser Beziehungen von Informationen untereinander soll mit Hilfe der Klassifizierung des ausgehenden Graphen

---

[40]Vgl. Bensberg, F. (2001), S. 131/132.
[41]Vgl. Bensberg, F./Weiß, T. (1999), S. 426f.
[42]Vgl. Rahm, E. (2002), S. 75f.

auf eine Wertigkeit der referenzierten Information schließen lassen. Kleinberg[43] bezeichnet dabei eine Website mit einer guten Reputation als eine „Authority" (engl. für Authorität), die aktuelle und inhaltlich brauchbare Informationen bereitstellt. Damit gilt diese Authority als ein hochwertiger Knotenpunkt des Graphen. Von dieser Authority referenzierte Websites gewinnen durch eine Verlinkung auf dieser „Authoritätsseite" an Gewichtung, es kommt also zu einer Steigerung der Wertigkeit allein durch die Verlinkung.

Auf der graphentheoretischen Analyse von Dokumenten basiert auch der als Google PageRank bekannte Algorithmus von Lawrence Page und Sergey Brin[44], der eine Bewertung von Websites für die Suchmaschine Google erstellt.

3.3.6.3 Web Content Mining

Das Web Content Mining stellt die Information in den Mittelpunkt der Betrachtung. Es stellt Methoden und Verfahren bereit, mit deren Hilfe Informationen aus dem Datenbestand des Internets beziehungsweise einzelner Websites extrahiert werden. Bei diesen Methoden kommt häufig die Analyse von Schlagworten zum Einsatz. Verschiedene Internet-Suchmaschinen bedienen sich dieser Methoden zur textuellen Auswertung von Deskriptoren in Websites.

Neuere Ansätze des Web Content Minings behandeln die Erkennung von semantischen Zusammenhängen einzelner Dokumente. Diese als Semantic Web Mining[45] bezeichnete neue Disziplin setzt sich aus dem in Kapitel 3.3.6.1 beschriebenen Web Mining und dem Konzept des „Semantic Web" zusammen.

Semantic Web ist eine von Berners-Lee vorgestellte Idee, die die Klassifizierung von Informationen vereinfachen soll. Mit Hilfe von Metadaten soll den erfassten Informationen ein deskriptiver Mehrwert gegeben werden. Dabei sollen über sogenannte Tags in Sprachen wie eXtensible Markup Language (XML) Informationen näher beschrieben werden um die Einordnung in einen bestimmten Kontext auch für den Computer möglich zu machen.[46]

3.3.6.4 Web Usage Mining

Während sich die ersten beiden Teilbereiche auf das Internetangebot in Inhalt und Struktur beziehen, ist die Aufgabe des Web Usage Mining „die Analyse des Nutzungsverhaltens von Websites".[47] Dabei ist das Entdecken von Mustern im Zugriffsverhalten auf Websites mithilfe von Data Mining-Verfahren von besonderer Relevanz.

In einfacheren Web Usage Mining-Systemen steht die Server-Log-Datei[48] im Zentrum der Betrachtung des Nutzerverhaltens. Hierbei werden basierend auf den Aufzeichnungen der Zugriffe auf den Web-Server einzelne relevante Kennzahlen graphisch und textuell darge-

---

[43]Vgl. Kleinberg, J. (1999), S. 1
[44]Vgl. Brin, S. (2001)
[45]Vgl. Berendt, B. et al. (2002), S. 9
[46]Vgl. Berners-Lee, T/Hendler, J./Lassila, O. (2001), S. 34-43.
[47]Vgl. Rahm, E. (2002), S. 75.
[48]siehe dazu auc Kapitel 3.3.2

stellt.

Komplexere Web Usage Mining Systeme setzten nicht nur auf das in den Log-Dateien festgehaltene Zugriffsverhalten auf das Internetangebot sondern bedienen sich verschiedener, in die Website integrierte Funktionen zur Kontrolle. Dabei werden die gewonnenen Daten zur weiteren Auswertung zumeist in einer Datenbank beziehungsweise einem Datawarehouse abgespeichert und mit den Ergebnissen der Log-Datei-Analyse in Verbindung gebracht.

Das Web Usage Mining ist als bedeutende Vorstufe zur Bereitstellung von Daten für die in Kapitel 4.2.1 behandelten Recommender Systeme und die in Kapitel 4.2.2 Website Personlisierungen einzuordnen. Der Vorgang des Web Usage Minings unterteilt sich nach Mobasher[49] in die Datenvorbereitungsphase und die Mustererkennungsphase.

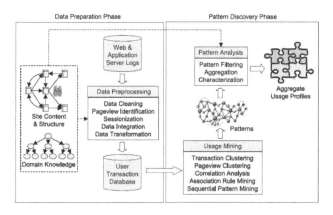

Abbildung 6: Aufbau eines Web Usage Mining Systems

Quelle: Mobasher, B. (2005) S.3

Der von Mobasher als Data Preprocessing bezeichnete Prozess zur Aufbereitung von Daten hat zum einen die Log-Dateien[50] und zum anderen die auszuwertende Website selbst als Informationsquelle. Neben dem Seiteninhalt und dessen Struktur benennt Mobasher noch die „Domain Knowledge" und spricht dabei die folgend im Kapitel 4.2 angesprochenen Konzeptualisierungen an. Das nach der Bereinigung bereitstehende Ergebnis wird in einer Transaktionsdatenbank festgehalten und dann durch das eigentliche Usage Mining, das dann in der „Pattern Discovery Phase" ansteht, weiterverarbeitet.

Das Usage Mining verbindet hierbei einzelne Datensätze zu Clustern und versucht dadurch Benutzungsmuster zu erkennen. In dem Prozess des Pattern Filtering werden die erkannten Muster aggregiert, charakterisiert und in aggregierten Nutzungsprofilen bereitgestellt. Mit dieser neuen Methode der Auswertung von Benutzeraktivitäten lässt sich genauestens ergründen, wo welcher Benutzer die Website verlässt, welche Informationspfade er

---

[49]Vgl. Mobasher, B. (2005), S. 19ff.
[50]Vgl. Kapitel 3.3.2.

innerhalb der Website nimmt, wo das Hauptinteresse besteht und welche Optimierungen dadurch möglich werden.

3.3.7 Click Stream Analyse

Nach Braynov[51] ist eine Click Stream Analyse eine besondere Art des Web Usage Minings, die essentielle Informationen über das Verhalten von Benutzern geben kann. Click Stream Analysen basieren auf den Log-Dateien und stellen eine zeitbezogene Auswertung von Nutzerzugriffen auf die Verknüpfungen der Website dar. Anhand dieser generierten Daten soll sich so ein „Pfad", den der Benutzer durch das Webangebot mittels seiner Klicks genommen hat, rekonstruieren lassen. Es wird also die Folge der Klicks auf intern verweisende Hyperlinks analysiert.

Die Click Stream Analyse soll unter anderem Aufschluss geben, welches die populärsten Seiten des Internetangebotes sind, wie die Benutzer auf diese Seiten gelangen, wie lange sie bleiben, welche Informationsseiten Nutzer zu einem Kauf bewegen und welche Pfade diese auf der Website verfolgen.[52]

Die Analyse von Click Streams ist in Europa nicht sonderlich verbreitet und findet eher im nordamerikanischen Raum Anwendung.[53] Den tatsächlichen Nutzen von Click Stream-Analysen erachten Roth und Voss[54] als oftmals stark überbewertet. Ausschließlich bei nicht durchkonzipierten, organisch gewachsenen Websites ließe sich die Betrachtung von Click Streams effektiv zu einer Verbesserung des Angebotes nutzen. Für komplexere Websites oder Online-Shops, die in einer Planungsphase klar strukturiert wurden, gäbe es nur geringe Verbesserungsmöglichkeiten.

3.3.8 Data Warehouse

Unter einem Data Warehouse wird eine bestimmte Strategie zur Nutzbarmachung und Bereithaltung von Daten verstanden. Dabei ist also weniger die technische Einrichtung als das dahinter stehende Konzept der Vorhaltung von Daten von Bedeutung.[55]

Das Data Warehouse, das zumeist aus einer oder mehreren zentralen Datenbanken besteht, soll Daten aus unterschiedlichsten Quellen vereinen und einheitlich nutzbar machen. Dazu ist es zumeist notwendig die oft heterogenen Datenquellen für das Einbringen in das Data Warehouse anzupassen. Im Gegensatz zu einfachen Datenbanksystemen halten Data Warehouses weitaus mehr Daten verfügbar.

Damit das zugrundeliegende Datenbanksystem bei den zumeist komplexen Ad-Hoc-

[51]Vgl. Braynov, S. (2003), Kap. 4.4, http://smealsearch.psu.edu/cache/papers/Business/813/ http:zSzzSzwww.cse.buffalo.eduzSz~sbraynovzSzseminar2003zSzpaperszSzPersonalization.pdf/ personalization-and-customization-technologies.pdf, 24.01.07.
[52]Vgl. Munirathinam, S. (2002), S. 1, http://www.ciol.com/content/search/showArticle.asp?arid=37744, 25.01.07.
[53]Vgl. Merz, M. (2002), S. 524.
[54]Vgl. Roth, A./Voss, J. (2002), S. 480.
[55]Vgl. Hansen, R./Neumann, G. (2002), S. 463f.

Abfragen über mehrere Tabellen („Joins") standhält, wird das Data Warehouse in sogenannte „Data Marts" unterteilt. Data Marts sind inhaltlich zusammengehörige Teilbereiche des Data Warehouses. Diese dienen der Verbesserung der Antwortzeiten von komplexen Anfragen über den großen Datenbestand des Data Warehouses. Häufig kommen auch vorher definierte Sichten („Views") auf den Datenbestand zum Einsatz. Neben der Performance-Steigerung bringen diese Sichten zudem einen besser einstellbaren Zugriffsschutz, begünstigen das Online Analytical Profiling (OLAP) und gewährleisten das auf die jeweiligen Inhalte bezogene, eigenständige Arbeiten an den relevanten Daten losgelöst von der Gesamtheit des Datenbestandes.

4 Möglichkeiten der Optimierung von Electronic-Commerce-Angeboten

4.1 Anforderungen an Electronic-Commerce-Angebote

4.1.1 Allgemein

Um die Anforderungen an E-Commerce-Angebote näher zu betrachten, bedarf es der Auswahl einer einzelnen Ausprägung eines solchen Angebots. Hierfür bietet sich der Online-Shop als eine der am häufigsten eingesetzten Formen an.

Hier sollen nun exemplarisch allgemeine Anforderungen an Online-Shop-Systeme beschrieben werden. Viele der von den Kunden häufig geforderten Punkte, die ein Online-Shop in jedem Fall erfüllen muss, lassen sich in dem Punkt der Usability zusammenfassen, der im nachfolgenden Kapitel erläutert wird.

Als Anforderungen an Online-Shops aus Kundenperspektive sind

- Produkte

- Verkaufsförderung

- Service

- Warenkorb und Bezahlung

- Sicherheit

zu sehen.[56] Wie auch in realen Geschäften hat das **Produktsortiment** einen großen Einfluss auf das Kaufverhalten der Kunden. Aus Händlerperspektive muss das vorhandene Produktsortiment bereits im Vorfeld richtig kommuniziert sein, so dass der Kunde den Shop nicht mit falschen Erwartungen betritt. Die Aufmerksamkeit der Kunden auf einen Online-Shop generieren Shop-Betreiber in der Regel über Marketingmaßnahmen, bei denen auf eine produktkatalog-spezifische Ausrichtung zu achten ist. Merz[57] betrachtet den

---

[56]Vgl. Opuchlik, A. (2005), S. 107f.
[57]Vgl. Merz, M. (2002), S. 397.

Produktkatalog gar als „Herz des Online-Shops".

Als **verkaufsfördernde Maßnahmen** in Online-Shops sind vor allem Zusatzinforma-
tionen zu Produkten (bspw. Online-Produktberater. Verlinkung von Testberichten o.ä.).
besondere Aktionen (bspw. Zeiten in denen dem Kunden die Transportkosten erlassen werden) und eine individuelle Preisgestaltung (bspw. Rabattierungen oder Bonifikationen) zu
sehen.[58] **Service** ist der häufig gebrauchte Begriff. wenn eigentlich ein Kundendienst im
klassischen Sinn gemeint ist. Die Anforderungen von Kunden an einen solchen Dienst von
Online-Shops sind weitestgehend deckungsgleich mit denen von klassischen Vertriebswe-
gen. Einzig die als „Response Time" bezeichnete Antwortzeit von Online-Kundendiensten
kann von den Kunden durch die Gewöhnung an die Geschwindigkeit des Mediums als
zeitkritischer angesehen werden.

Ein **Warenkorbsystem** ist mittlerweile in nahezu allen kommerziellen Online-Shop-
Systemen implementiert. Die Möglichkeit. Produkte vor einer Bestellung zu sammeln und
vor der eigentlichen Bestellung in einem „Checkout" noch einmal zu betrachten darf aus
Kundensicht in keinem professionellen Online-Shop fehlen. Die Anforderungen der Kunden an **Zahlungssysteme** gestalten sich neben der Sicherheit der einzelnen Systeme im
besonderen auch in der Vielfalt selbiger aus. Kunden verlangen oftmals ein breites Spek-
trum an Zahlungsmitteln.

Für Online-Shop-Betreiber gilt es hier eine Auswahl der verbreitetsten Zahlungsmittel
zu identifizieren und den Kunden zur Verfügung zu stellen.[59]

Gerade unter der Betrachtung der immer häufiger werdenden Fälle des „Online-Betrugs"
in jeglicher Form. ist die Gewährleistung der **Sicherheit** ein wichtiger Faktor. den Online-
Shops bereitstellen müssen. Oftmals können Kunden die Sicherheit eines solchen Systems
nicht selbst einschätzen und sind dabei auf externe Informationsquellen angewiesen. Hier
seien bspw. zertifizierende Stellen. wie sie in Kapitel 5.2 beschrieben werden. zu nennen.

4.1.2 Usability

Aus Kundenperspektive betrachtet ist der Umgang mit einer Website vor allem unter
den Gesichtspunkten der „Usability" zu sehen. Unter dem Schlagwort Usability versteht
man im Allgemeinen die Gebrauchstauglichkeit eines Produktes bei der Nutzung „durch
bestimmte Benutzer in einem bestimmten Benutzungskontext die vorgegebenen Ziele effektiv. effizient und zufriedenstellend zu erreichen."[60]

Usability ist einer der wichtigsten Akzeptanzfaktoren für Internetanwendungen. Allerdings
verhält es sich mit der Usability wie mit der menschlichen Gesundheit. Sie wird nur dann
thematisiert. wenn eben diese fehlt.[61] Gerade bei Websites ist die Usability von großer
Bedeutung. da die Website der Konkurrenz oftmals nur wenige Klicks entfernt ist und
ein unbefriedigendes Erlebnis auf Grund der Bedienbarkeit des Online-Angebots nur allzu

[58]Vgl. Stracke. T. (2005). http://www.ecin.de/marketing/verkaufsfoerderung-hersteller/. 28.01.2007.
[59]Vgl. Merz. M. (2002). S. 459ff.
[60]o.V. (Deutsches Institut für Normung e.V. 2007).
[61]Vgl. Hitz. M./Leitner. G./Melcher. R. (2006). S. 220.

leicht zum Wechsel dorthin bewegen kann. Die Gebrauchstauglichkeit ist also ein durchaus wichtiger Faktor, den es bei der Gestaltung der Website zu beherzigen gilt. Um diese nun gewährleisten zu können, bedarf es zunächst der Analyse der dafür wichtigsten Beurteilungsinstanz: dem Nutzer der Website. Krug beschreibt die Abwehr des „kognitiven Stresses", dem Benutzer von Websites ausgesetzt sind mit dem Titel seines Buches „Don't make me think"[62]. Hiermit spricht er den Usability-Grundsatz des ähnlichen strukturellen Aufbaus von Websites an.

Hitz et al.[63] bemühen sich zur Verdeutlichung der Problematik eines Vergleiches mit der Automobilindustrie. Niemand würde jedes mal neu Fahrunterricht nehmen wollen müssen, nur weil er sich ein neues Auto eines anderen Herstellers gekauft hat. Aber laut Hitz verlangen viele Websites von ihren Besuchern genau dieses. Sie sollen sich mit einem komplett unbekannten Umgang mit der Website auseinander setzen und sich selbstständig darin zurecht finden. Um das Gegenargument zu entkräften, dass dann alle Websites im Internet gleich aussähen und langweilig und uninteressant wären, entkräftet er einfach mit einem weiteren Vergleich mit der Automobilindustrie, in dem er die Frage stellt, ob jemand behaupten würde, dass, nur weil sich ein Ferrari Testarossa, ein Rolls Royce und ein VW Käfer in der grundsätzlichen Art der Fortbewegung gleichen, tatsächlich von gleichem langweiligen Design wären.

Nach Manhartsberger und Musil[64] gilt es die nachfolgenden Grundsätze im Vergleich zu traditionellen Softwareprodukten zu berücksichtigen:

„**Software wird nicht mehr in Kartons verkauft**": Auf Websites sehen Benutzer direkt was sie erwartet.

„**Surfer können nicht geschult werden**": Für viele Anwendungen im Bürobereich gibt es umfangreiche Schulungen. Website-Betreiber allerdings können nicht zu ihren Besuchern fahren und diese speziell auf die Besonderheiten ihrer Website hinweisen.

„**Echte Produkte werden (nicht) über das Internet verkauft**": Bezugnehmend auf durchschnittliche Konversionsraten, die ein Verhältnis von Besuchern zu tatsächlichen Kunden zeigen, kaufen Kunden vergleichsweise wenig über das Internet.

Aus Hitz et al.[65] ergeben sich nun folgende Usability-Grundlagen, die es zu beachten gilt:

- **Antwortzeiten:**
  Als wichtiger Aspekt der Usability gelten die Antwortzeiten des Internetangebotes. Damit ist die Zeit gemeint, die der Benutzer warten muss, bis er die Antwort des Servers auf eine Anfrage erhält. Um die Benutzer nicht das Interesse an der Website verlieren zu lassen, sollten die Reaktionszeiten hierbei nicht länger als zehn Sekun-

---

[62]Krug, S. (2005).
[63]Vgl. Hitz, M./Leitner, G./Melcher, R. (2006), S. 223.
[64]Vgl. Manhartsberger, M/Musil, S. (2002), S.16-22.
[65]Vgl. Hitz, M./Leitner, G./Melcher, R. (2006), S. 225.

den sein. Eine als direkt oder unmittelbar empfundene Antwort erkennt der Mensch bis zu einer Reaktionszeit von 0.1 Sekunden. Eine Wartezeit von bis zu 3 Sekunden wird tolerierend hingenommen ohne dass eine Ablenkung des Gedankenganges stattfindet. Nach 8-10 Sekunden beginnt der durchschnittliche Benutzer bereits sich gedanklich mit anderen Dingen zu beschäftigen. Daraus lässt sich für Websites ableiten, dass sämtliche Antwortzeiten bis zu 3 Sekunden als normal angesehen werden. Eine Wartezeit von maximal 10 Sekunden ist hinnehmbar, sofern auf die längere Wartezeit hingewiesen wird.

- **Interaktionseffizienz:**
Neben der tatsächlichen Wartezeit auf die Antwort eines Internetangebotes sollte auch die Zeit, die der Benutzer benötigt sich in selbigem zurechtzufinden gering gehalten werden. Websites haben zumeist ein „Point-And-Click"-Interface. Effiziente Websites sollten die Distanz zwischen den klickbaren Elementen gering halten.

- **Farben:**
Bei der Farbwahl der Website sollte der Grundsatz eingehalten werden, niemals zuviele unterschiedliche Farben einzusetzen. Als Faustregel gilt hier die Nutzung von maximal fünf Farben. Extreme Nuancierungen, wie besonders reflektierende oder stark saturierte Farben sollten gänzliche vermieden werden. Stockmeier[66] nennt zudem den Kontrast als ein besonders wichtiges Merkmal für die Lesbarkeit von Texten. Demnach sollten sich die Vorder- und Hintergrundfarbe deutlich voneinander unterscheiden.

- **Textlayout:**
Das Lesen von Texten auf einem Bildschirm ist deutlich anstrengender als das Lesen von Texten auf Papier.[67] Aus diesem Grund sollten einige Grundsätze bei der Gestaltung von Texten für das Lesen auf Websites beachtet werden. Um das Lesen von Informationen auf Websites so einfach wie möglich zu machen, sollte man dem menschlichen Auge klare Ankerpunkte, wie deutlich erkennbare Überschriften, Hervorhebungen durch Farben, Listen oder Grafiken anbieten. Ferner ist zu beachten, dass in etwa nur die Hälfte der Textmenge, die sonst auf Papier gedruckt wären auf einer Website stehen sollte. Bei längeren Texten empfiehlt es sich sogar dem Besucher eine kurze Zusammenfassung des Textes („Abstract") anzubieten.[68]

- **Seiten- und Navigationsstruktur:**
Die Seitenstruktur einer Website sollte an der klassischen Leserichtung der westeuropäischen Welt ausgerichtet sein. Der (westeuropäische) Mensch ist es gewohnt von links oben nach rechts unten zu lesen und für die Gestaltung einer Website sollte hiervon nur in dringlichsten Fällen abgewichen werden.

[66]Vgl. Stocksmeier, T. (2002), S. 114f.
[67]Vgl. Nielsen, J. (2005), http://www.useit.com/alertbox/whyscanning.html, 03.02.2007.
[68]Vgl. o.V. (2005b), http://www.ergomedia.de/pruefen/scannen.html 03.02.2007.

Es sollte zudem auf ein horizontales Scrolling verzichtet werden und beim Einsatz von vertikalem Scrolling in jedem Fall darauf geachtet werden, dass wichtige Navigationselemente, wie etwa das Menü, keinesfalls „weggescrollt" werden.

4.2 Optimierungsmöglichkeiten durch Website-Controlling

4.2.1 Recommender Systeme

Als einer der neuesten Trends von E-Commerce-Plattformen für Endkunden gelten die **Recommender-Systeme** (aus dem englischen von „to recommend" - empfehlen). Als ein Recommender-System bezeichnet man ein System, das Produktempfehlungen für Kunden von Online-Shops ausspricht, Voraussagen über die Vorlieben der Kunden trifft und eine allgemeine Gruppenmeinung darstellt.[69]

Recommender Methods

Früher wurde der Begriff des Recommender Systems auch als „Collaborative Filtering" bezeichnet, doch wurde davon wieder Abstand genommen, da Collaborative Filtering nur als ein Teilgebiet der Informationsgewinnung für Recommender Systeme zu betrachten ist. Die Hauptinformationsquellen für Recommender Systeme finden sich in dem Content-based Filtering, dem Knowledge-based-Recommending und eben im Collaborative Filtering.

Das **Collaborative Filtering** ist eine dem User Profiling angelehnte Technik. Anhand der über den Kunden verfügbaren Informationen werden Benutzerprofile angelegt und untereinander korreliert. In diesen angereicherten Daten wird nun mittels Suchagenten nach bestimmten Mustern im Kunden- bzw. Kaufverhalten (Warenkorbinhalt, abgeschlossene Bestellungen, Click Stream, AdClicks, Suchbegriffe, etc.) gesucht.

Auf der Grundlage dieser nun als ähnlich eingestuften Kunden, können Produktempfehlungen ausgesprochen werden. Da dieses Vorgehen nun in gewisser Weise die Meinungen des Kunden wiederspiegelt kann diese für sämtliche Produkte der Angebotspalette angewendet werden. Natürlich ist hierbei das statistische Gesetz der großen Zahlen zu beachten, das besagt, dass sich die relative Häufigkeit eines Ergebnisses immer weiter an die theoretische Wahrscheinlichkeit für dieses Ereignis annähert, je häufiger das Experiment durchgeführt wird.[70]

Analog dazu lässt sich nun für das Collaborative Filtering festhalten, dass das Ergebnis dieses Filterns immer besser wird, je mehr Kunden mit ähnlichen oder gleichen Präferenzen im Online-Shop und den dazugehörigen Datenbanken erfasst sind.

Das „**Knowledge-based Filtering**" basiert auf Expertenwissen.

Hierbei reichern Produkt-, Kategorien- und Kundenexperten den Kataloginhalt eines Online-Shops mit zusätzlichen, externen Informationen an. Dabei kommt das Experten-

---

[69]Vgl. Schafer, J. et al. (2001) S. 115-153.
[70]Vgl. Sachs, M. (2003), S110.

wissen dieses Sachverständigenkreises zum Tragen und gibt bestimmte Produktkombinationen oder Empfehlungen.

Besondere Erwähnung sollten hierbei User-zentrierte Bewertungs- oder Empfehlungseingaben sein, wie sie beispielsweise bei Amazon.de zum Einsatz kommen. Hierbei werden die Kunden als Expertengremium zur Rezension, Ratschlaggeber und Produktberater („Lieblingslisten") eingespannt.

Zudem wird das Knowledge-based Filtering oft auch als regelbasiertes Filtering bezeichnet und macht weitergehend Gebrauch von Konzeptualisierungen wie beispielsweise der Ontologie.

Unter einer Ontologie versteht man in der Informatik nach Gruber „an explicit specification of a conceptualization"[71]. Die von Gruber angesprochene Konzeptualisierung meint dabei ein abstraktes Modell das von einer Gruppe von Menschen getragen wird. Es ist von besonderer Bedeutung, dass diese Konzeptualisierung nicht als das Werk eines einzelnen ist, sondern aus einem konsensuellen Wissen entstammt.

Damit ist unter einer Ontologie also das homogene Ergebnis des Zusammenwirkens verschiedener Individuen zu verstehen. Das World Wide Web Consortium (W3C) beschreibt eine Ontologie als eine formale Definition eines Ausdruckssatzes, die einen Anwendungsbereich beschreibt und repräsentiert.[72] Subsumiert unter der Begrifflichkeit des regelbasierten Filterings könnte eine Ontologie also konkret ein gemeinschaftlich erarbeiteter Datenbestand sein, der eine Verknüpfung von Produktdaten und Produkteigenschaften auf Basis von ontologischen Betrachtungen beinhaltet.

Das „**Content-based-Filtering**" basiert auf den Eigenschaften der Produkte im Online-Shop. Anhand der speziellen Besonderheiten einzelner vom Kunden in Erwägung gezogener Produkte werden Produkte mit gleichen oder ähnlichen Produkteigenschaften empfohlen. Hierbei ist im Besonderen der Datenbestand von E-Commerce-Angeboten von Bedeutung, da alle Produkte auch über ihre Eigenschaften kategorisiert sein müssen.

Interaktion mit dem Benutzer

Neben der Betrachtung der Empfehlungsmethoden („Recommender Methods") lassen sich die Recommender Systeme auch über die Interaktion mit dem Benutzer systematisieren. Hierbei wird primär zwischen dem Input und dem Output eines solchen Systems untergliedert.

Der Output ist dabei die Empfehlung zum Kauf einer komplementären Ware, die Vorhersage zusammengehöriger Produkte, Testberichte oder ähnliches. Der Input in ein solches Recommender System ist zum einen bei den Informationen über den Benutzer selbst zu finden, die durch das Collaborative Filtering aufgenommen werden, und zum anderen bei der Kundschaft im Allgemeinen.

Die Kundschaft als zusammengehörige Käufer- bzw. Kundengruppe steht mit ihrer Kauf-

[71]Gruber, T. (1993), http://ksl-web.stanford.edu/kst/what-is-an-ontology.html, 03.02.2007.
[72]Vgl. Heflin, J. (2004), http://www.w3.org/TR/Webont-req/03.03.2007.

historie, ihren Warenkorbinhalten, den abgegebenen Produktratings und Textkommentaren informationsgebend zur Seite.

In der graphischen Darstellung (Abbildung 7) des Recommendation Prozesses von Schafer lassen sich die Haupteinflussquellen auf das Recommender System erochen. Die angesprochenen Kunden- und Kundschafts-Inputs sind oben als Customer- und Community-Inputs dargestellt. Der Output des Recommender Systems geht direkt in den Online-Shop („E-Store Enginge").

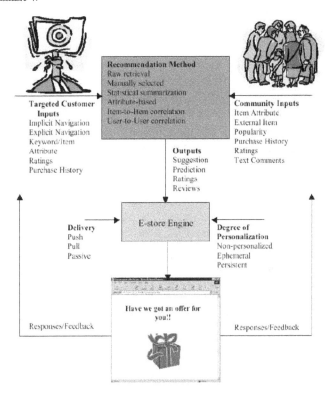

Abbildung 7: Graphische Darstellung des Recommendation Prozess

Quelle: Schafer, J. et al. (2001), S. 124.

Neben den Recommendations haben zudem die auf den Online-Shop wirkende Personalisierung[73] für den einzelnen Kunden Einfluss auf diesen. Ferner kann unterschieden werden, ob der Kunde die Produktempfehlungen automatisch mit der Auslieferung der Website erhalten soll („Push"-Prinzip) oder ob diese nur auf Nachfrage (z.B durch Klicken auf einen Link „weitere Informationen / Empfehlungen") sichtbar gemacht werden soll („Pull"-Prinzip).

---

[73]siehe dazu auch Kapitel 4.2.2.

Aus dem Feedback des Kunden, das über die tatsächlich ausgelieferte Website zurück in
das System gelangt, lässt sich der Kunde immer genauer beschreiben. Diese Informationen
fließen zurück in den Informationspool für das Recommender System und lassen spätere
Einschätzungen noch genauer bzw. einfacher gestaltbar erscheinen.
Als Ergebnis der Betrachtung von Recommender Systemen lässt sich festhalten, dass diese
besonders mit dem Kunden verknüpft sind. Der Kunde ist zumeist Hauptinformations-
quelle und Anwendungsgebiet der Empfehlungssysteme. Daher finden die in Kapitel 3.3.5
angesprochenen Kundenprofile hier Anwendung. Tuzhilin und Adomavicius stellen nun in
der Verknüpfung von Recommender Systemen und Kundenprofilen zwei Theorien auf[74]:

- **Kundenprofile sind die Grundlage der Empfehlungssysteme**
  In dieser Annahme gehen Tuzhilin und Adomavicius davon aus, dass auf Grund
  eines bereits vorliegenden Profils eines Kunden mittels kollaborativer Methoden die
  Anzahl der vorzuschlagenden Möglichkeiten minimiert wird. Durch die bereits be-
  kannten Präferenzen des Kunden können diese Filter auf die aktuelle Situation im
  Online-Shop angepasst werden und es kannsomit ein Vorschlag unterbreitet werden.

- **Kundenprofile werden nach der Anwendung von Empfehlungssystemen
  angewandt**
  In diesem Ansatz wird eine bestimmte Anzahl vorläufiger Produktvorschläge generiert. Hierbei kann zwar auch das Collaborative Filtering zum Einsatz kommen, doch
  fusst es hierbei nicht auf den individuellen Datensätzen des Benutzers sondern auf
  der Meinung der gesamten Kundschaft. Es kann beispielsweise eine Orientierung an
  Verkaufsranglisten, Absatzzahlen oder Vorbestellungslisten sein. Nachdem dadurch
  ein Satz von Vorschlägen generiert wurde, wird im Folgenden auf diesen Satz das
  Profil des Kunden angewandt um so eine bestmögliche Empfehlung auszusprechen.

Eine graphische Aufbereitung des Empfehlungsprozesses nach Mobasher[75] zeigt den Übergang der im Rahmen des Web Usage Mining gewonnenen Nutzungsprofile und dem bereits
als Konzeptualisierung angesprochenen Domain Knowledge. Die aggregierten Nutzungsprofile gehen in die Recommendation Engine ein, die gespeicherten Nutzerprofile (aus dem
Online-Shop) und die Konzeptualisierung haben Einfluss auf die integriertierten Profile.
In dem als halboffenes System des Recommmendings spricht die Recommendation Engine Empfehlungen (Recommendations) aus und liefert diese an den Webserver. Dieser
leitet die Anpassung der Empfehlungen oder des Online-Shops an die aktive Sitzung des
Benutzers weiter und gibt über seine Eingaben auf der Seite ein Feedback ab, dass dann
in das integrierte Benutzerprofil übernommen wird und als Grundlage zur weiteren Ver-
feinerung durch die Recommendation Enginge bereit steht. Festzustellen ist, dass das
System aus Recommendation Engine, Recommendations, Webserver, der aktiven Sessi-

[74]Vgl. Tuzhilin, A./Adomavicius, G. (1999), S. 5f.
[75]Vgl. Mobasher, B. (2005), S. 4.

on und dem integrierten Profil einen Kreislauf bildet, der nur durch den Abbruch des Online-Shop-Besuches des Kunden unterbrochen wird. Bei einem solchen Abbruch werden die gesammelten Daten dann aufbereitet und im Data Warehouse aufbewahrt.

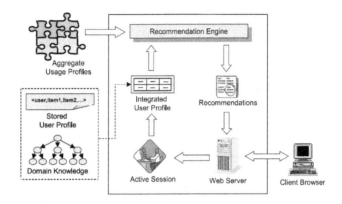

Abbildung 8: Personalisierung von Inhalten mit einem Recommender System

Quelle: Mobasher, B. (2005) S. 4.

4.2.2 Website Personalisierung

Einen weiteren Punkt der Optimierungsmöglichkeiten beschreibt das Gebiet der Website Personalisierung. Dieses oftmals eng mit den zuvor besprochenen Recommender Systemen verknüpfte Thema behandelt die Anpassung von Websites oder Online-Shop-Angeboten an bestimmte Nutzergegebenheiten. Diese Nutzergegebenheiten sind oft aus dem Intrument des Web Usage Mining gewonnene Informationen über den Nutzer oder seine Präferenzen und sollen im Rahmen der Personalisierung zur besseren Abstimmung der Website auf den Kunden Verwendung finden.

Als Ziel lässt sich demnach für ein Website-Personalisierungssystem festhalten, dass einem Nutzer gerade genau die Informationen zur Verfügung gestellt werden sollen, die er sucht, ohne dass er explizit danach gefragt hätte.[76]

Zu unterscheiden ist dabei vor allem zwischen sich anpassenden oder adaptiven und anpassbaren Seiten. Der feine aber bedeutende Unterschied zwischen beiden ist die Tatsache, dass sich adaptive Websites (aus Sicht des Nutzers) selbst anpassen während anpassbare Seiten nur die Möglichkeit der Anpassung durch den Benutzer selbst anbieten. Im Gegensatz zu ersterem ist hierbei also zunächst eine Aktion des Nutzers erorderlich.

Nach Eirinaki und Vazirgiannis[77] wird das Vorgehen zur Erstellung einer personalisierten Website in vier Phasen unterteilt:

1. Datensammlung,

[76]Vgl. Mulvenna, M./Anand, S./Buchner, A. (2000), S. 122.
[77]Vgl. Eirinaki, M./Vazirgiannis, M. (2003), S. 1-27.

2. Datenvorverarbeitung.

3. Datenanalyse.

4. die Bestimmung der durchzuführenden Aktionen zur Anpassung.

Andere Ansichten schließen die Datensammlung aus diesem Prozess aus und sehen die aus der Datensammlung gewonnenen Daten als bereits vorliegenden Input an.[78]

In der Datenanalyse wird die Ähnlichkeit der Website Personalisierung und den Recommender Systemen noch einmal sehr deutlich. Genau wie dort beschrieben, wird auch im Personalisierungsprozess zwischen einer inhaltsbasierten, einer kollaborativen und einer regelbasierten Herangehensweise unterschieden. Aufgrund des Einsatzes dieser gleichen Mittel sei an dieser Stelle auf die Erläuterungen im vorhergehenden Kapitel verwiesen werden.

Aufgrund der starken Verwandschaft der beiden Systeme, der Anpassung durch Website Personalisierung und den Recommendations kann das Generieren von personalisierten Websites auch als ein Anwendungsfeld der Recommender Systeme angesehen werden.

5 Website-Controlling unter ethischen und rechtlichen Gesichtspunkten

5.1 Moralisch-ethische Bedenken

Gerade unter den verschärften Wettbewerbsbedingungen des E-Commerce ist der Kunde als Einflussfaktor des Geschäftserfolgs von immenser Bedeutung. Nach Wirtz gewinnt nicht nur die Unternehmung aufgrund der Vernetzung im Internet, auch der Kunde gewinnt eine neue Marktmacht. Gerade durch die in den letzten Jahren entstandenen virtuellen Communities befänden sich Kunden mehr und mehr in der Lage gemeinsame Produktbewertungen und Diskussionen zu einzelnen Produkten oder Händlern zu führen.[79] Es scheint, als wenn auch klassische Unternehmen der Macht des Kunden als Apostel einer Firma oder eines Produktes immer mehr gewahr werden.

Im Rahmen des Gedanken des viralen Marketings[80] tat sich der deutsche Automobilhersteller Opel dadurch hervor, dass er im Sommer 2006 vier bekannte Weblog-Betreiber mit Fahrzeugen zum Testen ausstattete. Zudem übernahm Opel sämtliche mit dieser sechswöchigen Aktion verbundenen Kosten (Benzin etc.) unter der Bedingung, dass die „Blogger" ihre Erfahrungen mit den Fahrzeugen in ihren Onlinetagebüchern thematisieren würden.[81] Vor dem Hintergrund dieser dem Kunden beigemessenen Wertigkeit ist es nun kein Wunder mehr, dass Unternehmen verstärkt darauf setzen, dass sich Kunden in der Umgebung ihres Online-Shops wohlfühlen, die angebotenen Produkte gut bewerten und somit dem

---

[78]Vgl. Mobasher, B. (2005), 15-1.

[79]Vgl. Wirtz, B. (2001), S. 175.

[80]Vgl. Langner, S. (2005), S. 27f.

[81]siehe dazu auch http://astra.blogg.de.

Unternehmen zu einer guten Reputation verhelfen. Dabei geben die weitreichenden Möglichkeiten der automatischen Auswertung von Nutzungs- und Nutzerdaten den Anbietern von Online-Shops große Möglichkeiten zur Verbesserung des Kundenkontaktes, der Kundenzufriedenheit und damit auch des Absatzes. Unter ethischen Gesichtspunkten betrachtet ergeben sich allerdings einige Bedenken der Öffentlichkeit, die die extensive Generierung von persönlichen Daten betrifft.

Gefährdung der Privatsphäre

Der Schutz der Privatsphäre stellt eines der fundamentalsten Menschenrechte dar. Grundlegend bildet sie die Handlungsfreiheit und die Würde des Menschen. Die Privatsphäre ist der Raum „in dem sich Identität und Integrität einer Person ausbilden und der als herausgehobenes Refugium der Selbstverwirklichung fungiert. Seither ist die *Privatheit* mit Identität, Authenzität, Integrität und Selbstverwirklichung assoziiert.“[82] Die angesprochene Freiheit der Person beschreibt den Umstand, dass das Unbekannt bleiben in vielen Bereichen des Lebens im Ganzen oder auch nur von spezifischen Merkmalen der Person als Grundlage der Schaffung und des Schutzes von persönlichen Freiräumen und der persönlichen Entfaltung dient. Schließlich hat jeder Mensch in seinem Privatleben Aspekte, die er niemandem oder nur einem beschränkten Personenkreis preisgeben möchte. Grundsätzlich gilt es zu hinterfragen, ob der Umgang von Website-Controlling-Methoden mit persönlichen Daten nicht generell die Privatsphäre untergräbt. Anzumerken ist hierbei, dass persönliche Daten generell einer Person gehören und diese aus diesem Verständnis heraus nicht ohne die Einwilligung des Besitzers übernommen werden sollten.[83] Zusammenfassend lässt sich die Privatheit nach Marx und Sherizan wie folgt zusammenfassen:

„Privacy is an essential component of individual autonomy and dignity. Our sense of liberty is partly defined by the ability to control our own lives- whether this be the kind of work we undertake, who we choose to associate with, where we live, the kind of religious and political beliefs we hold, or the information we wish to divulge about ourselves.“[84]

Kundenmanipulation

Die dem Website-Controlling über die Verbesserung des Kundenkontaktes mittelbaren Ziele, sei es die Steigerung der Konversionsrate oder die Erhöhung von Absatzzahlen gehen immer mit der Veränderung von Marketing- oder Werbestrategien einher. Website-Controlling liefert dem Marketing relativ genaue Kennzahlen und kann somit Einfluss auf Entscheidungen in diesem Bereich nehmen. Durch diese präzise Analyse ist es den Werbetreibenden nun oftmals ein Leichtes, exakt auf den Kunden zugeschnittene Angebote oder Werbemaßnahmen zu kreieren. Damit ist es Werbetreibenden deutlich vereinfacht möglich, manipulativ in die Kaufentscheidungen

[82]Weiß, R. (2002), S. 19f.
[83]Vgl. Clarke, R. (2006), http://www.anu.edu.au/people/Roger.Clarke/DV/Privacy.html, 13.02.2007.
[84]Marx, G./Sherizen, S. (1986), http://web.mit.edu/gtmarx/www/privacy.html, 13.02.2007.

ihrer Kunden einzugreifen.

Ferner lassen sich über die zumeist als Push-Medium eingesetzten Recommender Systeme auch ungebetene Produktempfehlungen in Online-Shops einbinden. Durch diesen Push-Charakter kann dieses zudem als eine Einengung des Zufluchtsraumes vor diesen speziell präparierten Angebotsseiten sein, da Benutzer Online-Shops oftmals nicht ohne diese Angebote zu betrachten betreten können.[85]

Datenmissbrauch

Die bereits erwähnte Manipulation von Kunden steht in enger Verbindung zu Bedenken, die sich auf den Missbrauch der Daten aus dem Website-Controlling ergeben. Gerade in den generierten Kundenprofilen liegt die Gefahr, dass Daten durch die datenaufzeichnende Unternehmung nicht zweckgebunden weiterverwendet werden oder diese gar an Dritte (zumeist entgeltlich) weitergegeben werden. Von besonderem Interesse ist hierbei für Unternehmen ein Interessenprofil in Verbindung mit Kontaktdaten, so dass gezielte Direktmarketingmaßnahmen durchgeführt werden könne. Dieses Verkaufen oder Vermieten von Adressdaten ist auch unter dem Begriff „Listbrokering" bekannt.

Die daraus resultierenden Werbemaßnahmen (häufig über Spam-Emails) werden von Kunden zumeist als besonders aufdringlich und belästigend empfunden.

Gefahr der Diskriminierung

Anhand der Ergebnisse aus Nutzerbeobachtungen, bspw. deren Kaufverhalten, können Unternehmen eine Segmentierung ihres Kundenstammes vornehmen. Eine Einteilung in Key Accounts, relevante Kunden und irrelevante Kleinkunden kann so leicht zu einer Übervorteilung von als besonders bedeutend eingestufter Kunden führen.

Als Folge der Einordnung in einem weniger bedeutenden Segment des Kundenstammes könnten bspw. längere Antwortzeiten bei Supportanfragen, Ausschluss von einzelnen Bonus- und Rabattaktionen oder Zurückhaltung von zusätzlichen Informationen und Services resultieren.[86]

5.2 Rechtliche Rahmenbedingungen

Wie bereits, erwähnt haben Kunden und die Beziehungen zu diesen in Betrieben, die ihren Absatz auf den E-Commerce ausrichten, einen gesonderten Stellenwert. Um in diesem Sektor erfolgreich sein zu können, muss die gesamte Wertschöpfungskette des Unternehmens direkt auf den Kunden und seine Bedürfnisse ausgerichtet sein. Dabei ist insbesondere der Kundenkontakt bei Marketing, Vertrieb und Service intensiv zu pflegen.[87]

Wenn bereits renommierte Unternehmen wie Amazon dazu übergehen, die von ihnen gesammelten Kundendaten als Betriebsvermögen anzusehen und einen Handel mit diesen

[85]Vgl. Clarke, R. (1998), http://www.anu.edu.au/people/Roger.Clarke/DV/DirectMkting.html, 13.02.2007.
[86]Vgl. Buxel, H. (2001), S. 205.
[87]Vgl. Taeger, J. (2003).

nicht ausschließen[88]. erscheint die Frage nach datenschutzrechtlichen Regelungen durchaus angebracht.

Durch die Nutzung digitaler Kundeninformationen wie bspw. Konsumgewohnheiten. Kredit- oder Adressdaten besteht unter datenschutzrechtlichen Aspekten immer die Gefahr der unsachgemäßen Auswertung und Nutzung dieser Daten.[89] Eine in diesem Rahmen häufig als grundlegend angesehene rechtliche Norm stellt das **Recht auf informationelle Selbstbestimmung** dar. Dabei handelt es sich um ein im Grundgesetz nicht explizit definiertes Recht eines jeden Einzelnen. grundsätzlich selbst über die Preisgabe und Verwendung seiner personenbezogenen Daten zu bestimmen.[90] Als eine der Leitentscheidungen des bekannt gewordenen Volkszählungsurteils des Bundesverfassungsgerichts vom 15. Dezember 1983 gilt das Recht auf informationelle Selbstbestimmung als einer der Meilensteine des Datenschutzes. Als Kernaussage dieses Urteils kann der folgende Text gelten:

„Mit dem Recht auf informationelle Selbstbestimmung wären eine Gesellschaftsordnung und eine diese ermöglichende Rechtsordnung nicht vereinbar. in der Bürger nicht mehr wissen können. wer was wann und bei welcher Gelegenheit über sie weiß. Wer unsicher ist. ob abweichende Verhaltensweisen jederzeit notiert und als Information dauerhaft gespeichert. verwendet oder weitergegeben werden. wird versuchen. nicht durch solche Verhaltensweisen aufzufallen."[91]

Zur Gewährleistung der Wahrung dieses Persönlichkeitsrechts gibt es moderne Mechanismen. Zu nennen wären hierbei bspw. die als „Codes of Conduct" bekannt gewordenen allgemeinen Verhaltensweisen. In diesen oftmals von Anbieterseite allerdings nicht sonderlich akzeptierten Maßregeln zum Umgang mit persönlichen Daten sollen sich Unternehmen auf freiwilliger Basis zu einem vernünftigen Umgang mit diesen Daten verpflichten.

Daneben gibt es die Möglichkeit. dass sich Unternehmen über (in der Zukunft evtl. pflichtmäßig durchzuführenden) Datenschutz-Audits[92] von unabhängigen Stellen prüfen lassen. In eine ähnliche Richtung gehen Zertifizierungen von E-Commerce-Angeboten. Die mit einer Prüfung der Applikationen und Datenbestände eines E-Commerce-Systems verbundenen Zertifizierungen beschreiben oftmals weitergehend auch technische Sicherheitsstandards. die bei der Übertragung von Daten gewährleistet werden sollten. Zertifikatausgebende Stellen wie beispielsweise die Technischer Überwachungsverein Informationstechnologie (TÜViT) setzen ebenfalls auf die freiwillige Zertifizierung der Anbieter. Eine Notwendigkeit für diese Zertifizierungen aus Anbietersicht kann sich allerdings erst mit der expliziten Forderung nach solchen sicherheitsbestätigenden Maßnahmen oder einer gesetzlichen Regelung ergeben.

---

[88]Vgl. o.V. (2000). http://www.heise.de/newsticker/meldung/11667. 14.02.2007.

[89]Vgl. Taeger. J. (2003). S. 221.

[90]Vgl. Stechow. C. von (2005). S. 24ff.

[91]o.V. (Bundesverfassungsgericht 1983).

[92]Vgl. Robra. U. (2000). http://www.lfd.niedersachsen.de/master/C618375_N774016_L20_D0_I560.html. 14.02.2007.

Die Zulässigkeit der Datenerhebung und -verarbeitung hängt nach Taeger[93] von der **Einwilligung** des Benutzers ab. Dieses gilt insbesondere dann, wenn die erhobenen Daten über den eigentlichen Bestimmungszweck hinaus gespeichert und genutzt werden sollen, bspw. für Zwecke des an Bestellungen anknüpfende Direktmarketing. Diese Einwilligung hat nur dann für eine weitergehende Nutzung Bestand, sofern diese auf einer freiwilligen Entscheidung des Betroffenen beruht.[94] Nach § 28 Abs. 1 S. 1 BDSG ist das Erheben, Speichern, Verändern oder Übermitteln von persönlichen Daten ohne Einwilligung des Betroffenen nur dann zulässig, wenn die folgenden drei Voraussetzungen erfüllt werden:

1. Wenn die Datenerhebung zur Zweckbestimmung eines Vertragsverhältnisses oder vertragsähnlichen Vertrauensverhältnissen dient.

2. Wenn es zur Wahrung berechtigter Interessen der verantwortlichen Stellen erforderlich ist und kein Grund zu der Annahme besteht, dass das schutzwürdige Interesse des Betroffenen an dem Ausschluss der Verarbeitung oder Nutzung gegenüber dem berechtigten Interesse der verantwortlichen Stelle offensichtlich überwiegt, oder

3. Sofern die Daten allgemein zugänglich sind oder die verantwortliche Stelle sie veröffentlichen dürfte, es sei denn, dass auch hier das schutzwürdige Intesses des Betroffenen am Ausschluss der Erhebung und Verarbeitung überwiegt.

In §28 Abs. 3 S. 3 sieht das BDSG vor, dass *„personenbezogene Daten für Zwecke der Werbung, der Markt- und Meinungsforschung übermittelt und genutzt werden dürfen, wenn es sich um listenmäßig oder sonst zusammengefasste Daten über Angehörige einer Personengruppe handelt, die sich auf eine Angabe der Zugehörigkeit zur Berufsbezeichnung, Namen, Anschrift, Geburtsjahr und einige weitere Angaben beschränken und kein Grund zur Annahme besteht, dass der Betroffene ein schutzwürdiges Interesse an dem Ausschluss der Übermittlung oder Nutzung hat."*[95]

Aus diesem Auszug geht hervor, dass der Schutz von personenbezogenen Daten Auslegungssache ist. Eine klare Regelung, die beschreibt ab wann davon auszugehen ist, wann der Betroffene ein schutzwürdiges Interesse seiner Daten hat gibt es nicht, so dass hier immer im Einzelfall entschieden werden muss und eine einheitliche Gesetzgebung nicht greift.

---

[93]Vgl. Taeger, J. (2003), S. 224ff.
[94]Vgl. o.V. (BDSG 1990), §4a, Abs. 1 S. 1.
[95]Taeger, J. (2003), S. 225f.

6 Fazit

Das Website-Controlling bietet große Potentiale zur Verbesserung von E-Commerce-Angeboten.
Wie in Kapitel 3.3 gezeigt, gibt es verschiedene Mittel um auf effiziente Weise Daten zur
Analyse des Erfolgs einer Website zu generieren. Das Website-Controlling verbindet diese
Methoden mit der Interpretation der Daten und gibt, wie in Kapitel 4.2 exemplarisch
beschrieben, Ansatzpunkte zur Verbesserung eines Online-Shops.

Einige Technologien erscheinen dabei vielversprechender als andere, so dass noch ein Bedarf der richtigen Auswahl der Methoden besteht. Festzuhalten bleibt allerdings, dass die
ursprünglich nur zur technischen Überwachung einer Website eingesetzte Server-Log-Datei
als Datengrundlage nach wie vor einen großen Einfluss hat. Nahezu sämtliche Methoden
fussen auf den Daten, die der Auswertung dieser Protokolldateien entnommen werden
können.

Wie auch das Controlling selbst, ist auch das Website-Controlling stark an den Kontext,
in dem es eingesetzt wird, anzulehnen. Es muss vor dem Einsatz von den Instrumenten
des Website-Controllings , festgelegt welche Teilbereiche einer Website oder eines Online-
Shops betrachtet und optimiert werden sollen.

Die grundlegenden Techniken sind in Unternehmen oftmals bekannt, doch wird man sich
erst nach und nach der Aussagekraft eines guten Website-Controllings bewusst. In vielen Unternehmen regt sich das Interesse an messbaren Erfolgskennzahlen der Webpräsenz
und der darauf basierenden Optimierung selbiger. Das ein trendsetzendes Unternehmen
wie Google mit „Google Analytics" ein kostenloses Website-Controlling-Tool, das Daten
über eine der Pixeltechnologie ähnliche Methode generiert, anbietet, zeigt, dass mit dem
Einsatz von Website-Controlling in Zukunft verstärkt zu rechnen sein muss.

Hemmend wirken sich die rechtlichen und ethischen Beschränkungen auf eine totale Da-
tenauswertung aus. In Zukunft wird es durch Website-Controlling durchaus möglich sein,
scharfe Benutzerprofile zu erstellen und diese gezielt „gegen" Kunden einzusetzen. Diese
nahezu vollständige Transparenz wirkt dabei aber so übermächtig, dass ein Schutz von
Verbrauchern durch gesetzliche Regelungen sinnvoll ist. Es wird dabei immer auf ein Ab-
wägen zwischen dem Nutzen und der damit verbundenen Aufgabe von Privatheit hinaus-
laufen. Zusammenfassend lässt sich über das Website-Controlling sagen, dass es sich dabei
um eine durchaus vielversprechende Möglichkeit handelt, den Erfolg der Internetpräsenz
einer Unternehmung zu messen und zu verbessern.

Literaturverzeichnis

Bücher:

Bensberg, F. (2001)
„Web Log Mining als Instrument der Marketingforschung - Ein systemgestalten-
der Ansatz für internetbasierte Märkte". Wiesbaden: Deutscher Universitäts-Verlag.
2001

Berres, A. (2002)
„E-Business: Handbuch für Entscheider". Berlin: Springer Verlag, 2002

Bogner, T. (2006)
„Strategisches Online-Marketing". Wiesbaden: Deutscher Universitätsverlag, 2006

Buxel, H. (2001)
„Customer Profiling im Electronic Commerce: Methodische Grundlagen, Anwen-
dungsprobleme und Managementimplikationen". Aachen: Shaker Verlag, 2001

Cole, T./Gromball, P. (2000)
„Das Kunden-Kartell: Die neue Macht des Kunden im Internet". München: Carl
Hanser Verlag, 2000

Hansen, R./Neumann, G. (2002)
„Wirtschaftsinformatik I". Stuttgart: Lucius & Lucius Verlagsgesellschaft mbH.,
2002

Heindl, E. (2003)
„Logfiles richtig nutzen". Bonn: Galileo Press GmbH, 2003

Hemenway, K./Calishain, T. (2003)
„Spidering Hacks - 100 Industrial-Strength Tips & Tools". Beijing [u.a.]: O'Reilly,
2003

Hitz, M./Leitner, G./Melcher, R. (2006)
„Usability of Web Applications", in Kappel, G./Pröll, B./Reich, S. (Hrsg.): „Web
Engineering - The Discipline of Systematic Development of Web Applicaitons", New
York: John Wiley & Sons, 2006

Hutter, M. (2001)
„E-Economy, Management und Ökonomie in digitalen Kontexten". Marburg: Me-
tropolis, 2001

Janowicz, K. (2006)
„Sicherheit im Internet". Köln: O'Reilly Verlag, 2006

Krug. S. (2005)

„Don't make me think - A common sense Approach to Web Usability". Berkeley: New Riders. 2005

Langner. S. (2005)

„Viral Marketing: Wie Sie Mundpropaganda gezielt auslösen und Gewinn bringend nutzen". Wiesbaden: Gabler Verlag. 2005

Manhartsberger. M/Musil. S. (2002)

„Web Usability - Das Prinzip des Vertrauens". Bonn: Galileo Press. 2002

Merz. M. (2002)

„E-Commerce und E-Business. Marktmodelle. Anwendungen und Technologien". Heidelberg: dpunkt.verlag GmbH. 2002

Mobasher. B. (2005)

„Web Usage Mining and Personalization". in Practical Handbook of Internet Computing. CRC Press. 2005

Münz. S./Nefzger. W. (2005)

„HTML Handbuch". Poing: Franzis Verlag GmbH. 2005

Opuchlik. A. (2005)

„E-Commerce Strategien: Entwicklung und Einführung". Norderstedt: Books On Demand GmbH. 2005

Thome. R. et al. (2005)

„Electronic Commerce und Electronic Business. Mehrwert durch Integration und Automation". München: Vahlen. 2005

Rohwer. B. (2003)

„Anonymität als Grundlage für E-Commerce". in Bäumler. H/Mauritius. A. von (Hrsg.): „Anonymität im Internet" Braunschweig/Wiesbaden: Friedrich Vieweg & Sohn Verlagsgesellschaft mbH. 2003

Roth. A./Voss. J. (2002)

„Web Mining Application Service Providing - Erfahrungen und Erfolgsfaktoren". in Hippner. H./Merzenich. M./Wilde. K. (Hrsg.): „Handbuch Web Mining im Marketing. Konzepte. Systeme. Fallstudien" Braunschweig/Wiesbaden: Friedrich Vieweg Verlag Verlag. 2002

Sachs. M. (2003)

„Wahrscheinlichkeitsrechnung und Statistik". München: Carl Hanser Verlag. 2003

Sterne. J. (2002)
„Web Metrics: Proven Methods for Measuring Web Site Success". New York: John Wilev & Sons Inc.. 2002

Stechow. C. von (2005)
„Datenschutz durch Technik". Wiesbaden: Deutscher Universitätsverlag. 2005

Stocksmeier. T. (2002)
„Business Webdesign - Benutzerfreundlichkeit. Konzeptionierung. Technik. Wartung". Berlin: Springer Verlag. 2002

Weber. J./Schäffer.U./Freise.H. (2001)
„Controlling von E-Commerce auf Basis der Balanced Scorecard". in Eggers. B./Hoppen. G.: „Strategisches E-Commerce-Management". Wiesbaden: Verlag Dr. Th. Gabler GmbH. 2001

Weiß. R. (2002)
„Privatheit im öffentlichen Raum: Medienhandeln zwischen Individualisierung und Eingrenzung". Wiesbaden: VS Verlag. 2002

Wirtz. B. (2001)
„Electronic Business". Wiesbaden: Gabler Verlag. 2001

Fachartikel:

Bensberg. F./Weiß. T. (1999)
„Web Log Mining als Marktforschungsinstrument für das World Wide Web". in Wirtschaftsinformatik. Heft 41/1999 S. 426-432. 1999

Berners-Lee. T/Hendler. J./Lassila. O. (2001)
„The Semantic Web". in Scientific American Mav 2001 S. 34-43.

Courtin. K. (2002)
„Logfile-Analvse vs. Pixeltechnologie: Dem Website-Besucher auf der Spur". in LAN-line. Heft 04/2002 S. 76-79. 2002

Eirinaki. M./Vazirgiannis. M. (2003)
„Web mining for web personalization.". in ACM Transactions on Internet Technologv (TOIT). 1-27. 2003

Kludd. N. (2003)
„Profiling: Gläserne Surfer". in Acquisa - Magazin für Marketing und Vertrieb 2003 Heft 9. S. 74-77.

Matern. J. (2000)
„Der Agent hinter den Maschinen". in eCommerce-Magazin. Heft 9/2000 S. 52-53. 2000

Mulvenna. M./Anand. S./Buchner. A. (2000)
„Personalization on the net using web mining: introduction". in Communications of the ACM. 43(8) S. 122-125. 2000

Rahm. E. (2002)
„Web Usage Mining". in Datenbank-Spektrum. S. 75-76. 2002

Schafer. J. et al. (2001)
„E-Commerce Recommendation Applications". in Journal of Data Mining and Knowledge Discoverv Januarv 2001 S. 115-153.

Taeger. J. (2003)
„Kundenprofile im Internet - Customer Relationship Management und Daten-schutz". in Kommunikation und Recht Heft 5/2003 S. 220-227.

Tuzhilin. A./Adomavicius. G. (1999)
„Integrating User Behavior and Collaborative Methods in Recommender Svstems". CHI 99 Workshop. 1999

Weber. J./Schäfer. U. (1999)
„Sicherstellung der Rationalität von Führung als Funktion des Controlling". in Die Betriebswirtschaft. 59. Jhg. Nr. 6. S. 731-746. 1999

Internetquellen:

Berendt, B. et al. (2002)
„Towards Semantic Web Mining". http://www.aifb.uni-karlsruhe.de/WBS/gst/
papers/2002/ISWC02.pdf [Abruf am 11.01.06 17:00 MEZ]

Bravnov, S. (2003)
„Personlization and Customization Technologies". http://smealsearch.
psu.edu/cache/papers/Business/813/http:zSzzSzwww.cse.buffalo.
eduzSz˜sbravnovzSzseminar2003zSzpaperszSzPersonalization.pdf/
personalization-and-customization-technologies.pdf [Abruf am 17.01.07 10:30
MEZ]

Clarke, R. (1998)
„Direct Marketing and 'Privacy'?". http://www.anu.edu.au/people/Roger.Clarke/
DV/DirectMkting.html [Abruf am 13.02.07 13:27 MEZ]

Clarke, R. (2006)
„What's 'Privacy'?". http://www.anu.edu.au/people/Roger.Clarke/DV/Privacy.
html [Abruf am 13.02.07 11:53 MEZ]

Coolev, R./Tan, P-N./Srivastava, J. (2000)
„Discovery of Interesting Usage Patterns from Web Data". http://www.informatik.
uni-siegen.de/˜galeas/papers/web_usage_mining/Discovery_of_Interesting_Usage_
Patterns_from_Web_Data_(Coolev).ps [Abruf am 10.02.07 20:12 MEZ]

Cutler, M./Sterne, J. (2000)
„E-Metrics: Business Metrics for the new economy". http://www.targeting.com/
emetrics.pdf [Abruf am 22.01.06 10:46 MEZ]

Engelschall, R. (1997)
„URL Rewriting Guide". http://httpd.apache.org/docs/2.0/misc/rewriteguide.html
[Abruf am 11.02.07 16:12 MEZ]

Freed, N./Borenstein, N. (1996)
„Multipurpose Internet Mail Extensions (MIME) Part One: Format of Internet Mes-
sage Bodies". http://tools.ietf.org/html/rfc2045 [Abruf am 25.01.06 8:31 MEZ]

Gruber, T. (1993)
„What is an Ontology?". http://ksl-web.stanford.edu/kst/what-is-an-ontology.html
[Abruf am 03.02.07 16:32 MEZ]

Haas, R./Ziegelbauer, H. (2000)
„Cookies FAQ". http://rolf.haas.net/cookie_faq.html [Abruf am 09.02.07 16:49
MEZ]

Heflin. J. (2004)

  „OWL Web Ontology Language Use Cases and Requirements". http://www.w3.org/
  TR/webont-req/ [Abruf am 03.02.07 17:02 MEZ]

Hüttl. T./Duscha. A. (2006)

  „Website-Controlling: Erfolgsmessung im Internet". in E-Commerce Center Handel.
  http://www.ecc-handel.de/website-controlling_46080.php [Abruf am 30.01.07 10:01
  MEZ]

Informgem. zur Feststellung der Verbreitung von Werbeträgern e.V. (Hrsg.). (2005)

  „IVW-Richtlinien für Online-Angebote - Definitionen und technische Erläuterungen". http://daten.ivw.eu/download/pdf/Online_RichtlinienV1_9_Anlage1.pdf [Ab-
  ruf am 25.01.07 11:17 MEZ]

Kleinberg. J. (1999)

  „Authoritative Sources in a Hyperlinked Environment". http://www.cs.cornell.edu/
  home/kleinber/auth.pdf [Abruf am 11.01.06 15:22 MEZ]

Kristol. D./Montulli. L. (1997)

  „HTTP State Management Mechanism". http://tools.ietf.org/html/rfc2109 [Abruf
  am 25.01.06 11:31 MEZ]

Lavoie. B./Nielsen. H. (1999)

  „Web Characterization Terminology & Definitions Sheet". http://www.w3.org/
  1999/05/WCA-terms/ [Abruf am 11.02.07 12:37 MEZ]

Marx. G./Sherizen. S. (1986)

  „Monitoring On The Job: How to Protect Privacy as Well as Property'?". http:
  //web.mit.edu/gtmarx/www/privacy.html [Abruf am 13.02.07 12:34 MEZ] (zugleich
  erschienen in „Technology Review". November 1986)

Munirathinam. S. (2002)

  „Clickstream analysis: a potential information mine". http://www.ciol.com/content/
  search/showArticle.asp?arid=37744 [Abruf am 24.01.07 10:30 MEZ]

Nielsen. J. (2005)

  „Why Web Users Scan Instead of Read". http://www.useit.com/alertbox/
  whyscanning.html [Abruf am 31.01.07 12:30 MEZ]

o.V. (1997)

  „Web-Projekte kontrollieren". http://de.selfhtml.org/projekt/kontrollieren.htm [Ab-
  ruf am 12.02.07 10:43 MEZ]

o.V. (2000)

  „Amazon.com schließt Handel mit Kundendaten nicht aus". http://www.heise.de/
  newsticker/meldung/11667 [Abruf am 14.02.07 11:21 MEZ]

o.V. (2004)

    „Web Bugs". http://anonvmsurfen.net/grundlagen/8-web-bugs/ [Abruf am 17.01.06 10:30 MEZ]

o.V. (2005a)

    „Ist der Cookie noch zu retten?". http://www.web-analvtics.org/index.php/ webanalvse-artikel/weiter/cookie_unique_user_problem_registrierung_ip_adresse_ user_agent/ [Abruf am 16.01.06 10:22 MEZ]

o.V. (2005b)

    „Scannen statt Lesen - Was gute Bildschirm-Texte auszeichnet". http://www. ergomedia.de/pruefen/scannen.html [Abruf am 31.01.07 13:34 MEZ]

o.V. (2007)

    „Glossar Web Controlling Kennzahlen". http://www.contentmetrics.de/Web_ Controlling/Glossar [Abruf am 03.02.07 11:08 MEZ]

Pirolli. P./Pitkow. J./Rao. R. (1996)

    „Silk from a sow's ear: Extracting Usable Structures from the Web". http://acm. org/sigchi/chi96/proceedings/papers/Pirolli_2/pp2.html [Abruf am 10.02.07 19:49 MEZ]

Robra. U. (2000)

    „Datenschutz-Audit". http://www.lfd.niedersachsen.de/master/C618375_N774016_ L20_D0_I560.html [Abruf am 14.02.07 13:01 MEZ]

Roetzer. F. (1999)

    „Nach den Cookies die Web Bugs". http://www.heise.de/tp/r4/artikel/5/5482/1. html [Abruf am 17.01.06 11:21 MEZ]

Stracke. T. (2005)

    „Datenschutz-Audit".   http://www.ecin.de/marketing/ verkaufsfoerderung-hersteller/ [Abruf am 28.01.07 16:01 MEZ]

Sonstige Quellen:

Brin. S. (2001)
„Method for node ranking in a linked database". United States Patent 7.058.628

o.V. (Deutsches Institut für Normung e.V. 2007)
„Ergonomie der Mensch-System-Interaktion". DIN EN ISO 9241

Hartman. et al. (1999)
„Method and system for placing a purchase order via a communications network".
United States Patent 5.960.411

o.V. (Bundesverfassungsgericht 1983)
„Urteil des Bundesverfassungsgerichts: BVerfGE 65. 1 - Volkszählung"

o.V. (BDSG 1990)
„Bundesdatenschutzgesetz" München: C. H. Beck Verlag. 1990